Heinz Grill

Die geistige Bedeutung des Schlafes

Heinz Grill

Die geistige Bedeutung
des Schlafes

Die Deutsche Bibliothek – CIP-Einheitsaufnahme
Grill, Heinz:
Die geistige Bedeutung des Schlafes
Heinz Grill –
Soyen: Verl. für Schr. von Heinz Grill, 1998
ISBN 3-9805742-6-1

Vochezer-Druck
D-83368 St. Georgen

Titelseite: »Unschuld«, Adolphe William Bouguereau
ausgearbeitet von Geert de Neve
Seite 9: Aus: Rudolf Steiner: Spruchartige Zusammenfassung des Vortrages
vom 11. März 1923 in Dornach, für Marie Steiner zum 15. März 1923
(aus: »Wahrspruchworte«, Rudolf Steiner Gesamtausgabe Bd. 40, Dornach 1991)
Abdruck mit freundlicher Genehmigung vom Rudolf Steiner Verlag, Dornach / Schweiz

Inhalt

Die Vorträge wurden jeweils vor einer größeren Gruppe von Zuhörern gesprochen. Von jedem Vortrag existiert eine Tondbandaufzeichnung, die als Grundlage zum geschriebenen Text diente. Die Vorträge sind so wenig wie möglich korrigiert. Die Gedankengänge und der rhythmische Gedankenaufbau sind belassen. Wegen der nur geringfügigen Veränderungen seitens des Lektorats ist in manchen Fällen die Sprache nicht ganz den stilistischen und grammatischen Regeln gemäß. Die Bewahrung der Originalität der Sprache aber läßt damit die lebendigen Inhalte leichter nachempfinden.

In gegenwärtiger Erdenzeit
Braucht der Mensch erneut
Geistigen Inhalt für die Worte seiner Rede;
Denn von der Sprache behalten Seele und Geist
Für die Zeit des schlafenden Weilens außer dem Leibe
Das vom Wort, was auf Geistiges weist.
Denn es müssen schlafende Menschen
Bis zur Verständigung mit den Archangeloi kommen.
Die aber nehmen nur Geist-Inhalt,
Nicht Materien-Inhalt der Worte auf.
Fehlt dem Menschen diese Verständigung,
Nimmt er Schaden an seinem ganzen Wesen.

Rudolf Steiner

Welche Kräfte wirken am Tage –
welche Kräfte wirken in der Nacht?

Vortrag vom 2. Oktober 1997 in Bad Häring

Wir haben für heute abend das Thema des Schlafes zur imaginativen Betrachtung gewählt. Dieses Thema dürfte wohl für jeden, für den Laien wie auch für den Therapeuten und für den Arzt sehr interessant sein. Der Schlaf ist auch interessant für den, der sich philosophisch mit dem Leben auseinandersetzt. Der Schlaf ist aber wohl auch ein auferlegtes Aufgabenfeld für jenen, der ganz allgemein in den Daseinskämpfen ringt und die Schlaflosigkeit auf seinem Daseinsweg kennenlernt. Wir wollen dieses Problem der Schlaflosigkeit zunächst einmal mehr allgemein betrachten und damit auch die Charakteristik des Schlafes herausarbeiten, und wollen uns dann mehr in die Tiefe Gedanken bilden, warum wir im Leben ein Drittel unseres Daseins in einer ganz anderen Region verbringen, in die wir nicht hineinblicken können. Der Schlaf nimmt etwa ein Drittel unserer Lebenszeit ein, und dieses Drittel hat einen sehr geheimnisvollen, rätselhaften Charakter. Wir besitzen von der Physiologie und der medizinischen Begutachtung einige Angaben über die Vorgänge, die stattfinden während der Phase des Schlafes. Die tieferen, fein abgestimmten Vorgänge, die eigentlichen geistigen Kräftewirkungen kennen wir aber ohne weitere Auseinandersetzung nicht.

Nehmen wir einmal einige Beispiele heraus, wie der Schlaf allgemein in das Leben hineinwirkt. Der Schlaf bringt uns die verlorenen Kräfte des Tages wieder zurück. Während des Tages gleiten unsere Bewußtseinskräfte oder unsere Taten und Willenskräfte nach außen und erschöpfen sich innerhalb der Aktivphasen. In der Nacht kehren diese Kräfte wieder zu uns zurück und geben uns für den nächsten Tag erneut die nötige Energie. Vor allem auf das Nervensystem wirkt der Schlaf sehr regenerierend. Das Nervensystem benötigt den Schlaf. Nervosität beispielsweise ist fast immer auch auf einen qualitativ schlechten Schlaf zurückzuführen oder auch auf einen Raubbau mit dem Schlaf. Es mag sein, daß mancher vielleicht mit vier bis fünf Stunden Schlaf auskommen kann, ein anderer benötigt aber sieben, acht oder vielleicht sogar

11

neun Stunden. Die Verhältnisse sind unterschiedlich, und sie mögen wohl auch mit der Sensibilität des Nervensystems zusammenhängen. Je sensibler das Nervensystem ist, desto größer sind die Möglichkeiten der Verausgabung, und um so mehr benötigen wir zur Regeneration einen qualitativ hochwertigen Schlaf und durchaus auch von der Zeitdauer ein bestimmtes Quantum an vollkommener Ruhe. Je sensibler das Nervensystem ist, je weiter es auch in der Welt bewegt wird, um so mehr benötigen wir die Regenerationsphase des Schlafes.

Es ist aber auch für die Psyche und für das gesunde psychische Wohlbefinden der Schlaf eine unbedingte Notwendigkeit. Psychische Krankheiten, Gemütskrankheiten, Depressionen, Ängste, Angstzustände oder gar vielleicht schon schwerere Konflikte, die unter dem Namen Psychose eingeteilt werden können, nehmen sehr stark überhand, wenn der Schlaf qualitativ minderwertig wird oder wenn die Schlafphasen quantitativ zu wenig werden. Der Schlaf bringt für das psychische Gesundsein ganz allgemein gesehen eine schützende und kräftigende Einordnung. Der Schlaf und das Nervensystem hängen sehr nahe zusammen. Der Schlaf ist beispielsweise notwendig für ein gesundes Zuhorchen, für ein gesundes Kommunizieren in der Welt oder für ein gesundes und natürliches Umgehen im Miteinander. Diese Beobachtung läßt sich sicherlich von dem einzelnen leicht treffen. Ein Zuhorchen ist in wacher und lebendiger, einfühlsamer Weise gar nicht möglich, wenn der gesunde oder qualitativ hochwertige Schlaf in irgendeiner Weise geraubt ist und die Müdigkeit mit ihrer Einhüllung durch den Tag schleicht. Wir können uns von unserem psychischen Befinden und von unserer psychischen Anteilnahme nur äußerst schwer in Beziehung bringen, wenn in diesen innersten Regionen, in denen wir uns in der Nacht befinden, etwas in Unordnung ist. Es ist aber weiterhin, um diese einfache Betrachtung einmal fortzusetzen, der Schlaf auch notwendig für ein gesundes Selbstbewußtsein. Das Selbstbewußtsein, das wir am Tage für das Leben benötigen, leidet entschieden, wenn die Nachtphase gestört ist. Das gesunde Selbstbewußtsein ist auch notwendig für ein gesundes In-der-Welt-Sein und weiterhin für ein gesundes In-Beziehung-Treten zur ganzen Schöpfung und zu den höheren Idealen. Wir können zu höheren Idealen wahrhaftig nur schwerlich in Beziehung treten, wenn in dieser innersten Substantialität, die wir im Schlaf empfangen, etwas in Unordnung geraten ist.

Der Schlaf ist deshalb so entscheidend und so notwendig, da er die gesamten Ebenen unseres Menschseins wie ein jenseitiger Bruder begleitet. Wir leben sehr stark aus dieser Nachtphase, aus dieser Zeit, die etwa ein Drittel unseres Lebens darstellt, hinein in die Welt. Die Nacht bestimmt die Qualität des Tages. Umgekehrt ist es aber auch eine Wahrheit, daß der Tag die Qualität der Nacht bestimmt. Der Schlaf und die Wachheit gehören zusammen wie zwei große polare Brüder, die nahezu vergleichbar sind mit jenen zwei Temperamenten, mit jenem am Tage, das wir als die normale, aktive Willensmacht bezeichnen, und mit jenem in der Nacht, das wir als die schweigende Innerlichkeit bezeichnen oder als die mehr hingebungsvolle Welt. Während des Tages ist unser Bewußtsein aktiv nach außen gekehrt, und es gleitet weit in die Welt hinaus, während der Nacht aber findet das Schweigen statt, so weit dieses Wort hier einigermaßen gebraucht werden kann, und die Außenwelt wird Innenwelt in uns. Der Prozeß, der am Tage stattfindet, kehrt sich in der Nacht um. Wie dies zu verstehen ist, wird dann im Laufe dieses und auch der nächsten Vorträge, die hier anschließen sollen, herausgearbeitet werden.

Wie die Schlaflosigkeit und der gesunde Schlaf am Leben beteiligt sind, kann nun an einem kleinen Beispiel sogleich betrachtet werden, damit wir zunächst noch an jenen Punkten bleiben, die für das Bewußtsein leichter in die Vorstellung zu bringen sind. Die Schlaflosigkeit ist wohl jedem erwachsenen Menschen bekannt geworden. Diese Schlaflosigkeit kann durch die verschiedensten Schlafmittel vielleicht einigermaßen überbrückt werden. Es dürfte aber auch allgemein eine bekannte Tatsache sein, daß die Schlafmittel das eigentliche Übel nicht beseitigen können und daß sie auch immer mit einer gewissen Problematik einhergehen. Diese Problematik eines Schlafmittels können wir im allgemeinen Sinne ganz einfach einmal beschreiben. In den meisten Fällen wird ein Mittel eingesetzt, das auf die Nervenbahnen und auf die Synapsenschaltung wirkt, das heißt auf die Übermittlung innerhalb des Nervensystems. Es werden ganz bestimmte Prozesse im Nervensystem, die zur Übermittlung beitragen, unterbrochen, damit dem Bewußtsein die Möglichkeit der Ruhe gewährt wird. Das können wir uns vom Prinzip her durchaus ganz einfach vorstellen. Der Tag bringt Anforderungen und bringt vielleicht eine gewisse Verwickelung unseres Bewußtseins mit entsprechenden verworrenen Gedankengängen. Diese Gedankengänge können am Abend schließlich nicht mehr abgeschüttelt werden. Dadurch leidet der Schlaf und vor allem die Einschlafphase. Wenn nun durch entsprechende Barbiturate eine Dämpfung oder mit anderen Mitteln eine künstliche Umschaltung oder künstliche Trennung innerhalb der Schaltstellen des Nervensystems erfolgt, so kann sehr leicht der Schlaf für den Abend gewonnen werden. Das hat den Nachteil, daß der Körper in der Regel von den Schlafmitteln zunehmend abhängig wird. Die Schlafmittel zeigen dann auch eine Nebenwirkung für den weiteren Tag. Die Bewußtseinskapazität ist im Laufe der ganzen weiteren Zeit nicht mehr so funktionsfähig, so klar und so wach, wie sie vielleicht sein sollte.

Es mag sein, daß in bestimmten Fällen Schlafmittel notwendig sind. Doch das Schlafmittel bringt die Problematik mit sich, daß es in unser Leben so hineingreift, daß wir in einer gewissen Weise willentlich passiv werden. Diese passive Willensbetätigung ist allgemein dem ganzen Leben gegenüber gegeben. Wir werden passiv, weil wir die Tageseinflüsse nicht mehr aus eigener Kraft von unserem Wesen abzuschütteln vermögen. Wir sollten immerfort daran arbeiten, daß wir nicht von einem Mittel abhängig werden, das in einen autonomen Prozeß eingreift, der in unserem Wesen abläuft, und das für uns diese Dinge steuert. Ab jenem Punkt, an dem ein Mittel eingreift in unser Wesen und das Vegetativum in irgendeiner Weise lenkt oder beruhigt, wird uns die entscheidende Willensleistung abgenommen. Dieses Aufgeben einer eigenständigen Willensleistung ist der bequemere Weg, aber auch der verhängnisvollere Weg für die weitere Zukunft. Je mehr das Vegetativum durch ein künstliches Mittel ruhiggestellt wird oder die vegetativen Impulse durch einen synthetischen Stoff am Eingreifen gehindert werden, um so mehr entsteht auch die Problematik des Überhandnehmens des vegetativen Systems. Das vegetative System oder, mit einem anderen Namen benannt, das autonome Nervensystem ist so organisiert, daß es uns tagtäglich im Leben mit den verschiedensten Impulsen herausfordert. Das Bewußtsein muß jeden Tag die vegetativen, triebhaften und unruhig werdenden Impulse zurückdrängen. Es muß gewisse Reize ordnen lernen. Es muß dasjenige, das mehr triebhaft oder mehr autonom aus uns hervorquillt und das Wesen in Ausschweifungen oder Unruhezustände versetzt, zurückdrängen. Diese Willensleistung sollte aber nach Möglichkeit eigenständig bewältigt werden. Das Schlafmittel stellt hier eine Hilfe dar und gewährt damit vielleicht eine gewisse Nachtruhe. Aber es bringt auch eine zunehmende Problematik infolge der Passivität, die hier in unserem Wesen eintritt. Wenn das Vegetativum durch unsere eigenen Impulse nicht kontrolliert wird, so neigt es mit der Zeit zu einem depressiven Aufbäumen. Es ist wahr, durch Schlafmittel erreichen wir auf Dauer gesehen genau das Gegenteil im Leben. Dasjenige, das durch eine zunehmend bewußtere willentliche Aktivität zurückgedrängt werden sollte, gewinnt einen nur unterschwelligen, aber dafür immer größeren und mächtigeren Charakter und bäumt sich zu irgendeiner Zeit im Leben einmal auf. Es bäumt sich auf wie ein leidendes, hungriges Tier, das den Anschluß an seinen Herrn verloren hat. Diese unterschwellige Macht wird uns einmal immer stärker im Leben konfrontieren und mit ihren versteckten, mehr animalischen Trieben, die in diesem Vegetativum auch oftmals zum Ausdruck kommen, in die Tiefe reißen wollen. Es ist deshalb sehr notwendig, daß der Schlaf eine besondere Hygiene erfährt und das Bewußtsein auch imstande ist oder wird, diese Phase, die ja ein Drittel unseres Lebens beträgt, einmal selbständig steuern zu lernen. Wir sollten im Leben die Kraft entwickeln, die Nachtphase einigermaßen qualitativ hochwertig zu gestalten. Die Nachtphase ist eine sehr paradiesische Himmelswelt, denn sie bringt entscheidende Lebensqualitäten für das Dasein. Die Nachtphase ist weiterhin so wesentlich, da sie auch Ideale oder spirituelle Qualitäten für das Leben gibt. Diese Nachtphase bedarf deshalb – in unserer Zeit ganz besonders – einer Art Hygiene, einer Art Förderleistung durch das Bewußtwerden und durch die Kontrolle, die wir im Leben mit der Zeit auf unsere Handlungen und unsere Gedanken, auf unsere Vorstellungen, die wir uns bilden, ausüben. Es ist wahrhaftig die Qualität der Nacht von der Art und Weise abhängig, wie wir den Tag gestalten.

Es ist auch interessant, sich die zwei Phasen der Nacht einmal zu vergegenwärtigen. Im mehr traditionellen Gedankengut ist der Vormitternachtsschlaf noch hochgeschätzt, während in der jetzigen Phase der modernen Kultur der jüngeren Generation mehr die zweite Nachtphase nach Mitternacht geschätzt wird. Die Älteren wußten wohl noch intuitiv von der Andersartigkeit des Schlafes vor Mitternacht, und sie wußten ihn infolgedessen auch zu schätzen. Der Vormitternachtsschlaf geschieht ja bei der absteigenden Sonne. Die Sonne geht unter, am Horizont steigt sie tiefer und zieht uns förmlich tief in diese Nachtruhe hinein. Aber um Mitternacht beginnt die Sonne wieder emporzusteigen, und diese Sonne nimmt uns schon mit den ersten Stunden nach Mitternacht ganz leise und langsam wieder mit in die Aktivität des Tages hinein. Wir sehen zwei vollkommen unterschiedliche Phasen: Die absteigende Sonne und der Vormitternachtsschlaf und die aufsteigende Sonne und der Nachmitternachtsschlaf. Es ist deshalb nicht verwunderlich, daß unsere Ahnen diese Unterschiede noch wußten und somit auch ein Gewicht auf den Vormitternachtsschlaf legten. Nehmen wir einmal zur Klärung ein Beispiel heraus, das vielleicht leichter vorstellbar für die weitere Betrachtung ist. Nehmen wir einmal das Beispiel des Vormittags und das Beispiel des Nachmittags im Vergleich. Am Nachmittag geht die Sonne nach unten, am Vormittag steigt die Sonne nach oben. Unterschiedliche Kräfte sind am Morgen wirksam im Vergleich zum Abend. Wir fühlen vielleicht am Abend eine angenehme Ruhe, ganz besonders mit dem Abendrot und der sanften, sich neigenden Sonne. Wir fühlen aber am Morgen auch eine gewisse Art von Ruhe oder auch Sensibilität, einen Klarsinn oder eine ganz zarte Energie mit der ersten kommenden Sonnenwärme im Morgengrauen. Die Empfindungen sind tatsächlich für den, der sie sehr sorgfältig im Inneren erwägt, sehr charakteristisch. Sie sind wesenhaft und in ihrer Aussage unterschiedlich. Der Morgen bringt eine ganz andere Lebensenergie mit sich wie auch eine ganz andere Spontaneität und Tatkraft und gleichzeitig eine zarte Sensibilität und klare Wachheit; das sind Eindrücke der Sinne, die gar nicht vergleichbar sind, ja, die dann nahezu gegenteilig werden zu denen der Abendstunden. Der Morgen bringt eine fast fröstelnde Empfindsamkeit und sensitive Berührung der Sinne mit sich, während der Abend mehr eine feste, durchaus sogar leidenschaftlich-sinnliche Berührung der Sinne äußert. Am Abend werden auch die Geister der Lust leichter wirksam als am Morgen. Am Morgen überwiegt das Phänomen oder die Empfindsamkeit einer Reinheit. Am Abend aber überwiegt ein gewisses Gefühlsleben und durchaus eine körperliche Vitalität. Am Abend mag der Faule wach werden, heißt es sprichwörtlich, weil er dort in der Lust und im Auftrieb zur Welt sein Abenteuer beginnen möchte. Es ist darin von dem poetisierenden Volksgeist eine tiefe Wahrheit angedeutet.

Betrachtet man einmal die Phasen der aufsteigenden Sonne und die Phasen der untergehenden Sonne, so bemerkt man eine ganz besonders feine Stimmung. Der Morgen beflügelt zu Taten, der Abend ist mehr für Ruhe und Kontemplation geeignet. Es mag sein, daß dem Gemüt das nicht unbedingt genau so entspricht und die Phasen geradezu umgekehrt werden, wie es auch häufig für die Jugendzeiten und gewisse leidenschaftliche Bedrängnisse oder allgemein für bestimmte Temperamentsphasen des Lebens gilt. Es mag sein, daß gerade am Abend der Tatendrang überwiegt und am Morgen die ganze Müdigkeit den Menschen umhüllt. Aber es soll nun nicht der Ansatzpunkt genommen werden, wie er in der heutigen Zeit ist, und von diesem aus das Ideal für die Zukunft bereitet werden, sondern das Bewußtsein soll tatsächlich von lebendigen und möglichst objektiven Empfindungen diese Dinge begutachten lernen. Am Morgen ist auch die Eiweißdynamik im Menschen kräftig und impulsiert zu Taten. Am Morgen ist der Bergsteiger, der noch wahrhaftig etwas mit den Bergen verbunden ist, zu Taten beflügelt, am Abend aber sitzt er schon gerne in der warmen Hütte. Es ist auch für den sensiblen Betrachter einmal ganz interessant, wenn er am Morgen – nicht gar zu früh, vielleicht eher am Vormittag einmal – einen See zum Baden aufsucht und dabei etwas in seinen Körper und in die Stimmungen hineinhorcht und dies vergleicht mit einem Bad, das am Nachmittag oder gegen den Abend genommen wird. Am Morgen fließen dem Körper aufbauende Kräfte zur Aktivität und Aktivitätssteigerung zu. Am Abend dagegen fließen dem Körper mehr die Kräfte zu, die ihn schon eher in die Müdigkeit hineinziehen. Diese Müdigkeit mag oftmals mit einer gewissen Leidenschaftlichkeit verbunden sein, weil sich das Wesen der Leidenschaftlichkeit nur in einer gewissen Herabstimmung des Bewußtseins bewegen kann. Es ist aber am Abend oder gegen den Nachmittag mit der untergehenden Sonne immer mehr das beruhigende Element gegeben. Diese Phasen kann der sensible Betrachter einmal sorgfältig erwägen und sich damit eine Vorstellung bilden über diese zwei Nachthälften, die ganz ähnlich verwandt sind wie die beiden Tageshälften.

In der ersten Phase der Nacht arbeitet die Leber mit der regenerativen Kraft, in der zweiten Hälfte der Nacht arbeitet eine ganz andere Dimension, die dem Mars zuzuordnen ist und die bekannt ist als ein Organ, das dem Temperament des Zornes, des Aktivseins, des Kampfes zugeordnet wird, und das ist die Galle. Um drei Uhr morgens etwa beginnt der Gallenfluß immer regsamer zu werden. Die erste Phase der Nacht ist aber mehr von der Leber geprägt, und die Leber ist ein behäbiges Organ, das Regeneration und Aufbau bringt. Tatsächlich, in dieser ersten Phase der Nacht ist die Aufbauleistung unseres Körpers am größten.

Nehmen wir noch ein weiteres Beispiel, um die Vorstellung weiter zu charakterisieren. Nehmen wir einmal an, wir beobachten eine Person, die gerade so um zwölf oder ein Uhr in der Nacht regelmäßig aufwacht und vielleicht auch aufsteht. Die Person wacht auf und wird tatsächlich hellwach und kommt klar zu Bewußtsein. Die Nacht ist mit diesem Erwachen zweigeteilt. Die erste Phase der Regeneration, der untergehenden Sonne, der Aufbauphase, die mehr den Äther, den verborgenen Gedanken des Menschen betrifft, ist hier schon einigermaßen abgeschlossen, und es beginnt die zweite Nachthälfte. Diese zweite Nachthälfte hat ganz andere Eigenheiten als die erste Nachthälfte. In der Regel sind auch die Träume hier lebhafter und bewegen sich schon mehr zum Wachsein hinüber. In dieser zweiten Nachthälfte sind deshalb schon andere Kräfte im Kommen als in der ersten. Diese Person könnte sich einen kleinen Gefallen tun, wenn sie so ein Nachtwacher um diese Zeit ist, also wenn sie um ein Uhr nachts wach wird und ungefähr für eine Viertelstunde wach bleibt, wenn sie dann eine ganz kleine, winzige Betrachtung für den kommenden Tag beginnt. In den beiden Nachthälften arbeiten verschiedene Ideale von innen heraus und möchten sich verwirklichen. Es wäre für die erste Nachthälfte, bevor wir einschlafen, die Betrachtung sehr wesentlich, die unser geistiges Ideal betrifft. Wir wollen dieses Ideal erdenken und dieses Ideal im tiefsten, innersten Wunsch für uns ersehnen. Denn in dieser ersten Nachthälfte, in dieser Phase, in der die Leber regenerierend und aufbauend wirkt, nehmen wir ganz tief jene ätherische feine Substantialität, die wir als Ideal erhoffen, mit hinein in unser Wesen. Die zweite Nachthälfte aber arbeitet nach etwas anderen Grundprinzipien. Wenn wir also wach werden um diese Zeit, dann sollten wir hier nicht das Ideal nehmen, das uns vertraut oder das uns ersehnlichst als Hoffnung im Leben begleitet, sondern wir sollten uns für den kommenden Tag einige gesunde Vorsätze nehmen. In dieser zweiten Phase der Nacht findet die Aufladung für den folgenden Tag statt. Praktisch gesehen richtet sich die Aufmerksamkeit hier weniger auf ein Ideal, sondern schon mehr auf die Führung und Tatkraft des Tages. Wir werden damit gerade in dieser zweiten Nachthälfte für diese vorsätzliche Aktion durch bestimmte Kräftewirkungsmechanismen oder auch, wenn der Begriff hier gebraucht werden darf, durch gewisse feinstoffliche Kräfte oder Engelwesen aufgeladen. Wir werden hier in dieser zweiten Nachthälfte für unsere Aktion am Tag vorbereitet. Der, der Yoga übt, kann sich eine Übung wünschen oder ein bestimmtes Ziel innerhalb der Übung vorstellen: »Morgen möchte ich zur Tat schreiten, und ich will ausdauernd in dieser schönen Stellung stehen.« Er wird in dieser zweiten Nachtphase die Kräfte für seine bevorstehende Tat aufnehmen, das heißt, ihm wird das Gesamte leichter gelingen. Die erste Nachthälfte, um sie noch einmal in den Vergleich zu rücken, bedeutet aber nicht nur diese bevorstehende Aktion für den Tag, sondern sie bedeutet mehr im tieferen Sinn unsere ideale geistige Ausrichtung für das Leben. Wir sollten in der ersten Nachtphase vor dem Einschlafen, um neun Uhr, zehn Uhr abends, ganz bewußt noch unser geistiges Ideal in einem konkreten Bild erwägen. Wir sollten hier tief einen Wunsch in tiefster Sehnsucht zum Leben nach einer höheren Entwicklung oder einer reineren Idealität des Lebens mit in diese tiefe, unbewußte Versunkenheit hineinnehmen. Dieser Wunsch wird in der Nacht von feinen Substantialitäten ergriffen. Wie dieser Vorgang vor sich geht, soll aber in den weiteren Vorträgen detailliert zur Ausformulierung kommen.

Nun wollen wir in einfacher Hinsicht noch einmal die Frage stellen, warum wir denn eigentlich schlafen müssen. Wäre es denn nicht effektiver, wenn uns der Schöpfer so konzipiert hätte, daß wir auf diese Phase doch verzichten könnten und somit vierundzwanzig Stunden zur Verfügung hätten für ein tatkräftiges Leben? Warum muß uns denn der Schöpfer für ein Drittel unserer Zeit abberufen, hinein in eine solch schlummernde Welt, die wir nicht kennen? Warum ist denn gerade hier etwas in unser Leben hineingeschaltet, das für unser ganzes intellektuelles Erfassungsvermögen so vollkommen unzugänglich ist? Es hätte uns doch der Schöpfer etwas idealer schaffen können und uns zu einem Vierundzwanzig-Stunden-Wesen konzipieren können. Aber er hat es offenbar nicht getan, und dies hat auch in der weisen Eigenart der Gesetze seinen tiefen Grund. Es wurde schon ganz kurz erwähnt, wie diese Kräfte in unserem Leben regenerierend auf das Nervensystem wirken, wie der Schlaf als eine notwendige Phase zur Aufladung und zur Gesundheit der Psyche und zur Gesundheit des Selbstbewußtseins wirken muß. Diese nächtliche Phase ist ja für den Stoffwechsel und für das Nervensystem, die beide in gewisser Hinsicht Gegenspieler sind, äußerst notwendig. Der Stoffwechsel wird während des Tages ständig verausgabt durch unsere Taten, durch unsere Gedankenmuster, durch unser Wollen zur Welt und durch unsere Bedrängnisse, denen wir von außen wie auch von innen ausgesetzt sind. Die Bedrängnisse, die Kräfte, die aus der Intellektualität kommen, sind meistens einer Natur zugehörig, die uns immer mehr verhärtet und uns immer mehr Lebenskraft raubt. Das viele Denken bringt Erschöpfung. Die Intellektualität und die nervlichen Beanspruchungen von seiten unseres wirtschaftlichen und gesellschaftlichen Daseins, von Computer, Radio und Fernsehen, vom Verkehr, von Lautstärke, Lärm und hektischem Getriebe bringen Belastungen, die das Nervensystem nicht mehr verarbeiten kann und die den Stoffwechsel mit der Zeit zur Erschöpfung treiben. Je mehr der Kopf belastet wird, um so mehr wird der Stoffwechsel von innen heraus ausgezehrt. Es ist tatsächlich eine Wahrheit, daß heute die Stoffwechselkräfte unseres Menschseins geringer sind als früher. Die Ursache liegt in der einseitigen Intellektualität und jenen ständigen nervösen Beanspruchungen des Nervensystems und des Kopfes. In der Nacht, besonders im Tiefschlaf, kann das Nervensystem für sich regenerieren und die Impulse harmonisch zum Stoffwechsel senden. Am Tage ist dies nicht gewährleistet. Am Tage befinden wir uns in einem genauen Gegenteil. Wir müssen uns in eine Spannung hineinbegeben, die lebensnotwendig, ja, sogar existentiell für uns ist. Wir müssen eine erhöhte Spannung im Leben beständig tragen. Diese erhöhte Spannung, dieses ständige In-Spannung-Stehen ist in der Nachtruhe nicht der Fall. Deshalb kann in der Nacht der Stoffwechsel der Aufbauleistung gerecht werden. Diese Aufbauleistung in der Nacht wirkt sich somit auf das Nervensystem heilsam und wohltuend aus. Geschieht diese Aufbauleistung nicht in genügendem Maße, und wachen wir am nächsten Tag erschlagen und müde und von Schmerzen geplagt auf, so ist der Stoffwechsel nicht zur Ruhe gekommen, und die Kräfte aus den aktiven Organen oder den Bauchorganen beginnen sich auch während des Tages zu stark zu regen. Die Drüsen beginnen im Ungleichgewicht zu arbeiten, und es kommt zu dem, was wir als Nervosität bemerken. Die Nervosität verausgabt uns schließlich noch weiter.

Es ist der Stoffwechsel in Relation zum Nervensystem geordnet. Je mehr der Stoffwechsel zur Ruhe kommt, um so mehr kommt unser Nervensystem zur Ruhe. Betrachten wir einmal in aller Einfachheit eine aufregende Szene irgendwo in der Welt, so bemerken wir, wie als erstes unser Nervensystem stimuliert wird; die Sensation beispielsweise stimuliert unsere Nerven, und gleichzeitig bringt die Sensation unseren Stoffwechsel zu einem stärkeren Erwachen. Wenn nun dieser Stoffwechsel, der in den Organen tätig ist, nicht zur Ruhe findet, so sind diese Phasen, die in der Nacht nicht abgeschlossen sind, noch am Tage tätig, und wir sind entweder müde, erschöpft, ausgelaugt oder ständig von nervöser Unruhe getrieben. Der Stoffwechsel sollte in der Nacht ganz zur Ruhe kommen, und das Nervensystem sollte sich natürlich bewegen können, frei von jenen Mächten und Kräften, die mehr aus diesen vegetativen Steuerungen des Stoffwechsels ständig in uns hochdrängen. Dies kann ganz einfach einmal so benannt werden. Diese einfache Benennung ist hier bildhaft und physiologisch tatsächlich zutreffend. Die Organe schweigen in uns während des Tages, wenn der Körper und die Psyche ausgeruht sind. Wenn sie schweigen, so ist auch das Nervensystem gebrauchsfähig für den Tag. Geraten aber die Organe durch mangelnde Regeneration zu einem stärkeren Wachwerden, so strahlen sie eine Unruhe in das Nervensystem hinein und stören das leiblich-seelische Gleichgewicht.

Dies ist eine einfache, mehr bildliche Darstellung über die Ordnung von Stoffwechsel und Nervensystem und über dasjenige, was auf etwas komplizierterer Ebene physiologisch in uns vorgeht. Diese physiologische Seite trägt aber einen geistigen Inhalt. Es stellt sich somit zu der einleitenden Frage noch die metaphysische Frage, die den Körper und das Seelenleben berücksichtigt und sich nicht aus einer Ebene mit einer Antwort zufrieden geben kann: Welches Wesen wirkt im Schlafe? Der philosophisch forschende Geist fragt sich noch tiefer als der Physiologe nach dem inneren Bedeutungssinn dieser Regenerationsphase und Aufladephase, die stattfinden in der so geheimnisvollen Nacht, die unserem Bewußtsein weitgehendst entzogen ist. Diese philosophische Frage lautet etwa: Warum ist diese geheimnisvolle Unterbrechung in unser Leben eingeschaltet? Warum gibt es überhaupt etwas in unserem Leben, das unserem Bewußtsein entzogen ist? Der Schlaf ist der Gegenspieler zum Tage. Die Nacht ist ein Gegenteil zur Wachheit und zum Lichte. Die Nacht scheint hier ein rätselhafter Bruder zu unserem Existieren im Wachbewußtsein zu sein. Es klärt sich auch diese Frage auf relativ einfache Weise. Wir müssen aus diesem Leben tatsächlich auch herausgehen. Wir dürfen in diesem Leben nicht vollständig eingebunden sein, denn wir sind nicht nur Menschen, die nach einer mechanischen Willensdetermination oder nach einer rein determinierten Kräftewirkung funktionieren. Wir sind Menschen, die eine ganz andere Dimension des Bewußtseins tragen. Wir sind durch den Geist zugehörig zu einer anderen Welt oder, anders ausgedrückt, wir sind nicht nur irdische Bürger. Hierin liegt das Geheimnis der Nacht. In der Nacht sind wir ja mehr oder weniger stark gezwungen, diese Welt wenigstens für eine gewisse Zeit zu verlassen. Durch den Schlaf sind wir genötigt, für einige Stunden vollkommen in eine Nichtaktivität und in ein vollkommenes Schweigen zu gleiten. In dieser Passivität stellt sich nicht die Frage nach unserem eigenen Willen, sondern es stellt sich die Frage: Welcher Wille wirkt hier durch uns? Es ist tatsächlich eine ganz tiefe Wahrheit, hier in dieser Nachtphase und vor allem dann im Tiefschlaf wirkt nicht unser Wille, sondern es wirkt ein größerer Wille durch uns. Die Nacht ist die in das Leben eingegliederte Phase, die uns näher mit dem himmlischen Reich verbindet. Die Tagesphase ist jene, die uns mehr mit dem irdischen Reich verbindet. Würden wir nur im Irdischen bleiben, würden wir nicht schlafen, so würden wir uns wohl oder übel ganz in dieser irdischen Welt verstricken müssen, und es würde uns diese unbewußte Erfahrung damit für unser weiteres Dasein fehlen. Es ist eine Erfahrung, die wir in der Nacht aufnehmen, die wir aber nicht bewußt erleben. In der Nacht treten wir mehr mit unserem Schöpfer oder mit Gott und auch mit den höchsten Engeln in Verbindung. Am Tage dagegen ist uns die Willensfreiheit zu einem gewissen Teil gegeben. Wir können am Tage wählen und dem Leben eine Richtung geben. In der Nacht wird aber unserem Leben die entsprechende Richtung gegeben und die entsprechende Kraft einverleibt. In dieser Pause, die eine wahrhaftig schweigende Pause ist, und die wohl doch jedem Bürger zu einem gewissen Grad auferlegt ist, liegt ein recht wesentliches Entwicklungsgeheimnis. Wir sind in der Nacht genötigt zu einer anderen Beziehungsebene, die wir vielleicht in der Geschäftigkeit des Tages gar nicht aufnehmen können. Es ist wahrhaftig so, daß wir gewöhnlich gar nicht wissen, wie wir in der Nacht mit den höchsten Kräften in Verbindung treten und am nächsten Tag schließlich frisch gestärkt aufstehen und auf ganz neue, unbescholtene Weise wieder unser Tagwerk beginnen. Wir haben eine Erfahrung, die ganz tief in unserem innersten Leben liegt und dort eingeprägt wurde, in uns aufgenommen, und diese Erfahrung geleitet uns wieder auf mehr unbewußte Weise hinüber in den Tag. Es ist ein beständiger Wechsel, der stattfindet zwischen Nacht und Tag. Wir sind fünfzehn bis sechzehn Stunden am Tagwerk, und wir sind etwa acht Stunden in der Nachtruhe in eine andere Region entrückt. Unsere Seele ist entrückt aus dem Leibe. Sie ist zu einem gewissen Grade entrückt, und somit kann der Schlaf eintreten.

Diese Vorstellung sollte einmal zu einem Bild werden. Aus dieser Vorstellung kann schließlich das weitere Geschehen leichter zum Herzen rücken. Dieses weitere Geschehen hat für die medizinische Hygiene eine ganz wichtige Bedeutung. Sie hat für jede Form der Therapie eine Bedeutung, und sie hat auch für jene Disziplin, die eine geistige Schulung oder eine Yoga-Schulung umschließt, eine weitreichende Aussage. Wir können uns den Tag vorstellen und damit ein Bild entwerfen, wie das integrale Sein in der Psyche und Physis am Tage funktioniert und wie am Tage die Gedanken und Empfindungen gebildet werden. Wir sollten dies einmal etwas genauer in das Bild nehmen, denn es ist etwas sehr Wichtiges. Über diese innere Beziehung, die wir tagtäglich knüpfen, schaffen wir uns zu wenig Vorstellung. Wir wissen ja, um das Beispiel ganz einfach einzuleiten, von der so wohltuenden Wirkung, die beispielsweise eine körperliche Aktivität für den gesunden Schlaf bringt. Die körperliche Aktivität wirkt meistens sehr stärkend und harmonisierend auf das Gemüt und bringt einen tieferen, regenerierenden Schlaf mit sich. Die vielfachen intellektuellen Anforderungen bringen dagegen diese zufriedene Schlafbereitschaft nur schwerlich mit sich. Je mehr intellektuelle Verausgabung stattfindet, um so mehr ist das Gemüt zu Schlafstörungen geneigt. Die Intellektualität mit ihren vielseitigen Bewertungen und Begrenzungen ist für den Schlaf etwas sehr Abträgliches. Was ist diese auszehrende Intellektualität, oder wie kommt diese Unruhe des Intellektes zustande, und warum findet gerade durch den Intellekt eine ganz besondere Stoffwechselerschöpfung statt? Die Auszehrung müßte ja normalerweise durch körperliche Anstrengung, durch Bauarbeit, Radfahren, Bergsteigen und so weiter ganz genauso gegeben sein, denn wir müssen ja mit ganzem Körpereinsatz in der körperlichen Aktivität arbeiten. Es scheint aber ein großer Unterschied zwischen dem intellektuellen, mentalen Arbeiten zu sein, im Vergleich zu dem, was körperliche Arbeit darstellt. Wir können diese Vorstellung leicht auch in ein weiteres Bild rücken, wenn wir uns vergegenwärtigen, wie diese unterschiedlichen Einsätze wirken. In der intellektuellen Arbeit sind wir entweder mehr mechanisch direkt begleitet und arbeiten auf sehr einseitige Weise ohne innere Wärmebildung und ohne die Beteiligung der anderen Empfindungskräfte und der Kräfte des Willens, oder wir arbeiten mit den Bedrängnissen des Willens und ergreifen eine Idee nach der anderen. Der Intellekt ist dann von einem begierigen Feuer geprägt. Er neigt zu einem Zugreifen, zu ständig neuen Möglichkeiten und bewegt sich immer in einer leidenschaftlichen Unruhe des Suchens. Er kann sich mit einer Antwort nicht leicht zufriedengeben, er ist mit seinen Zugriffen immer und immerfort in die Welt hinaus gerichtet. Er möchte sein Ideal schon heute gewinnen, er möchte es zur Sicherheit für sich umkleiden, umgrenzen oder zumindest erhaschen. Dieses ständige Zugreifen des Intellektes bringt ein Ungleichgewicht in das Leib-Seele-Verhältnis, es bringt eine Auszehrung im Stoffwechsel und bringt schließlich die schwierige Situation des abendlichen Unruhigseins und des Nicht-mehr-Einschlafen-Könnens. Am Abend wird allzuleicht diese Unruhe zur Bedrohung, und wir müssen zu entsprechenden Mitteln greifen. Die Vorstellung, wie der gesunde Schlaf zustandekommt, ist etwas sehr Wesentliches. Wie die Gedanken gebildet werden, ist etwas sehr Entscheidendes für die Nachtruhe. Werden sie nur intellektueller Art gebildet und im Zugreifen eines nur ständig begehrenden Musters zur Welt geprägt, so sind wir auch in einer Erschöpfung begriffen. Wie wir die Vorstellungen und die Empfindungen zur Welt entwickeln, ist bedeutungsvoll für die Qualität des gesamten Lebens und für die Phase des Schlafes. Deshalb verdient diese Betrachtung eine besondere Aufmerksamkeit.

Nehmen wir nun noch ein Beispiel heraus, um das bisher Gesagte einigermaßen erklärbar zu machen. Nehmen wir an, wir wollen ein Bild von Raffael betrachten. Wir wollen dieses Bild einmal mit einem ruhigen Blick anschauen und uns eine Art Vorstellung von diesem Bild aneignen. Dieses Bild ist für uns leicht zugänglich. Wir sehen den Christus und sehen die Engelsköpfe oberhalb sowie verschiedene Details, weil wir auch die verschiedenen Gedanken dazu haben. Es stellt sich aber die Frage, ob der einzelne etwas sieht, für das noch nicht der Sinn oder das Auge gegeben ist. Wir sehen auf dem Bild nur dasjenige, für das wir auch einen Gedanken haben. Wir sehen aber nicht dasjenige, für das wir keinen Gedanken haben. Wir werden, wenn wir an der Wiese vorbeigehen, das kleine Blümlein nicht sehen, wenn wir es nicht kennen. Wir werden nur dasjenige sehen, das wir kennen in Gedanken. Wir werden nur dasjenige sehen, das wir kennen auf solch einem Bild. Wir sehen die Figuren, da hierfür das Auge geprägt ist, aber vielleicht noch nicht diese unendliche tiefe Liebe, diese außerirdische Liebe, die sich in den Bildern von Raffael ausdrückt, denn wir sehen erst diese Liebe tatsächlich mit unseren Sinnen, sobald wir einen Sinn dafür haben. Wenn aber dieser Sinn dafür nicht ausgeprägt ist, so können wir auch die Liebe in Raffaels Bildern nicht wahrnehmen. So nehmen wir nur dasjenige in der Welt wahr, für das wir einen Sinn haben. Das ist eine tiefe Gesetzmäßigkeit der Seele. Nun sind wir als Bürger dieser Erde angelegt, in das Leben immer und immerfort hineinzugehen, indem wir ständig neue Betrachtungen und neue Eindrücke aufnehmen. Wie aber nehmen wir diese Eindrücke im Dasein auf? Wir nehmen sie auf, indem wir uns Gedanken machen zu diesen einzelnen Bildern des Lebens oder indem wir Empfindungen ausprägen zu den einzelnen Geschehnissen des Tages. Wir müssen Gedanken ausprägen, damit wir das Leben sehen. Wir müssen Empfindungen ausprägen, damit wir empfindend das Leben wahrnehmen. Wir können nur dasjenige fühlen, für das wir eine Empfindung haben und nur dasjenige wahrnehmen, das in uns schon eine Gestalt gewonnen hat. Jene verborgenen oder tiefer liegenden Geheimnisse, für die wir noch keinen Sinn besitzen, können wir noch nicht sehen. Das ist eine ganz wichtige Beobachtung, die normalerweise zu wenig im Leben beachtet wird. Sie wird in einer geistigen Schulung zu einem wichtigen Fundament, denn auf ihr erbaut sich die Entwicklung der Seele und der Persönlichkeit.

In der geistigen Schulung beschäftigt sich der einzelne mit dem Sinn und der Erfahrung der Meditation. Er beginnt Konzentrationsübungen zu praktizieren, und er beginnt schließlich sein Leben mehr in einer Form der Hingabe auszurichten. Das Leben nimmt mit einer geistigen Schulung eine doch andere Bewegungsrichtung an. Es ist ja für den, der in einer geistigen Schulung steht, eine so entscheidende Aufgabe, das Leben neu in eine selbstlosere, freiere Richtung zu bringen. Eine geistige Schulung bewegt uns auf neue Höhen, auf neue Weiten, eine geistige Schulung soll unser Leben verwandeln. Die geistige Schulung soll unser Leben zu einer Selbstlosigkeit schaffen. Wir stehen damit vor einem großen philosophischen Konflikt, der kaum lösbar erscheint. Wie ist es möglich, selbstlos einen Gedanken zu hegen und zu pflegen und dabei in diesem Gedanken auch eine klare, freudige Aufnahmefähigkeit für das Gegenüber zu bewahren? Wie ist es möglich, jene beiden schwierigen Phasen miteinander zu verknüpfen, die immer im Leben gegeben sind? Das ist einmal die Aktivität, die eigene schöpferische Dynamik, das Hineingehen in die Welt, und die andere Phase ist die Selbstlosigkeit, das Zurückweichen, das hingebungsvolle Dasein. Wie können wir die Kontemplation und das feine Zuhorchen, das feine, freudige Empfangen im Leben bei gleichzeitiger Aktivität bewahren? Wer aufmerksam das Leben beobachtet, bemerkt diese Schwierigkeit, die scheinbar aus zwei polaren Mächten kommt. Er bemerkt einen Widerspruch, der uns allen auferlegt ist im Leben. Wir können nicht gleichzeitig zuhorchen und reden, wir können nicht gleichzeitig handeln und vollkommen selbstlos und schweigend oder vollkommen in Meditation sein. Dieser Widerspruch ist unserem Leben auferlegt. Sobald dieser Widerspruch bemerkt wird, entsteht auch das eiserne Ringen nach dem dahinterliegenden Wahrheitsgesetz. Betrachten wir aber das Leben ganz genau, so kommen wir auf jene Schlußfolgerung, die soeben erzählt wurde. Im Tagesbewußtsein ist es nur möglich, daß wir anhand von unseren Gedanken und unserer Gedankendynamik in das Dasein hineinschreiten. Wir können passiv sein im Leben, wir können zuhorchen, wir können empfangend uns ausrichten auf das Leben. Aber dieses Zuhorchen ist immer auch eine Art Aktivität. Während des Tages können wir nur aktiv sein. Wir müssen eine Dynamik hineinlegen. Auch zum Zuhorchen benötigen wir eine Dynamik. Das ist vielleicht so manchem noch gar nicht ins Bewußtsein gerückt. Wir benötigen für das Zuhorchen eine Aktivität von innen heraus. Wir sind so in das Leben hineinorganisiert, daß wir nur aktiv sein können. Deshalb ist diese Phase, diese mehr schöpferische, dynamische Gestaltungsphase, die Bildephase unseres Lebens, die am Tage überwiegt. Es ist nicht möglich, daß wir uns nur passiv bewegen. Wir sollten sogar vorsichtig sein mit jenen Versuchen zu einer Passivität oder zu einer schon vollkommenen, konstruierten Selbstlosigkeit, die auf einem Nichts in der Gegenwart beruht. Sie bringt genau das mit sich, was wir nicht wollen, und das ist eine noch größere Widersprüchlichkeit und Gespaltenheit. Das wird deutlich beim Lesen eines Buches. Nehmen wir dieses Beispiel heraus. Wir lesen ein Buch, und wir können ein Buch nur lesen, wenn wir uns aktiv schöpferische Gedanken dazu bilden und diese Gedanken mit der Bildkraft der Vorstellung bereichern, sie in die Weite heben, die gelesenen Gedanken immer und immer wieder intensiv in das Licht der Betrachtung nehmen. Wir können ein Buch nur mit aktiver Anteilnahme lesen, denn wir müssen unsere Kräfte des Empfindens und des Denkens zum Lesen benützen. Das ist etwas sehr Wichtiges. Ein vollkommen passives Offensein für einen Lesestoff geschieht bei gleichzeitiger, vollkommener Aktivierung der Gedanken und Empfindungen, und das ist eine größere Wachheit, wie sie heute selten geworden ist. Das sogenannte Offensein ist auch ein Erhöhtsein in der Wachheit des Bewußtseins.

Ein vom Begriff her so bezeichnetes »passives« Lesen ist nicht möglich, weil das menschliche Wesen nicht jemanden aus der Schrift lesen lassen kann, ohne sich selbst aktiv in die Dynamik, in die schöpferische Anteilnahme des Lesens hineinzubringen. Somit ist es so entscheidend, daß wir verstehen lernen, wie wir am Tage aktiv organisiert sind. Wir können uns nur aktiv Vorstellungen bilden, aktiv unsere Empfindungen entwickeln, aktiv uns in Beziehung bringen zur Welt. Wir können nur aktiv ins Leben hineinarbeiten. Dem gegenüber steht die Nachtphase. Die Nachtphase ist nun diejenige Phase, die passiv ist. In der Nacht schweigt unser Wesen, der Wille schläft, die Gedanken schlafen, das ganze Wesen ist in einer ganz anderen Zuordnung. Das ist außerordentlich wichtig. Wir sprechen, um diesen Begriff hier einmal zu gebrauchen, von dem Tag und könnten die Motorik oder Dynamik benennen. Am Tag besteht immer eine Dynamik; selbst wenn wir etwas empfangen wollen, müssen wir uns mit Dynamik in Beziehung bringen zu unserem Gegenüber. Wenn wir eine Schrift verstehen wollen, müssen wir uns dynamisch in Beziehung bringen zu dieser Schrift. Wir dürfen nicht auf die Aktivität eines anderen oder Fremden warten. In der Nacht wird aber der Geist der Schrift auf uns zugehen. In der Nacht kehrt sich das Verhältnis um. Am Tage dürfen wir dieses Aktivsein folgendermaßen benennen. Wir wenden uns intensiv einem Werk, einer Aufgabe, einer Betrachtung, einer Schrift oder einem Menschen hin und entwickeln Gedanken und Vorstellungen über diese andere Seite. Wir wenden uns aktiv hin. Unser Wesen gleitet am Tage in die Außenwelt hinein, und unser Wesen muß auch am Tage in die Außenwelt hineingleiten. Am Abend gleitet unser Wesen zurück, wir werden müde, und die Außenwelt gleitet in uns hinein. Das ist der große Unterschied. In der Nacht findet damit das Empfangen statt, am Tag ringen wir um Verständnis und bilden uns Gedanken. Diese Gedanken, die weit vor uns ausgebreitet werden und in der Außenwelt vielleicht eine erste Gestalt finden, werden in der Nacht Teil unseres eigenen Wesens, sie wirken zurück auf uns. Das ist das ganz Besondere. Aus diesem Grunde benötigen wir diese Phase des Schweigens, diese Phase des vollkommen Aus-der-Welt-Seins. Je nachdem welche Gedanken wir uns bilden, wirken diese Gedanken auf uns zurück. Die Außenwelt wird Innenwelt werden.

Nehmen wir ein weiteres Beispiel heraus, um diesen wichtigen Zusammenhang noch einmal näher zu charakterisieren. Die geistige Schulung besitzt meistens jene Schwierigkeit, die sich in einer Erwartungshaltung oder in einer passiven Form der Hingabe verkündet. Eine Erwartungshaltung ist eine Einstellung im Leben, in der wir von einem Gegenüber oder von einem Außenstehenden etwas für uns erhoffen. Erwartungshaltung ist das typische Grundmerkmal einer rezeptiven Struktur oder Charakterhaltung. Wir erwarten unter Umständen auch von Gott, daß er uns im Leben etwas gibt. Die Erwartungshaltung beruht auf Passivität oder auf einem mangelnden schöpferischen Gedankensinn und schöpferischen, inneren Bewegungssinn, auf einem mangelnden dynamischen und kreativen Gestaltungssinn zum Leben. Sie beruht auf einer Lebensangst oder einer mangelhaften Entwicklung irgendeines Bereiches in unserer Persönlichkeit. Die Erwartungshaltung ist etwas sehr Häufiges, die normalerweise durch viele Genußsüchte und durch viele Dinge des Lebens befriedigt wird. Der Fernseher, Musik, Radio, Rauchen und vieles mehr sind im weitest gefaßten Sinne nichts anderes als Methoden, die uns nur in dieser rezeptiven, in dieser erwartenden Haltung zum Leben etwas zufriedenstellen. Sie geben uns eine gewisse Illusion, damit wir nicht sogleich in die Bedrängnis eines Bewußtwerdeprozesses kommen. Es kann nun sein, daß jemand ein Buch liest und mit diesem Buch das Glück des Lebens finden möchte. Viele Menschen kommen zur geistigen Schulung und möchten durch geistige Schulung etwas finden, das sie bisher nicht gefunden haben und von dem sie sich vor allem mehr für das irdische Heil erhoffen. Das ist ein häufiger Beweggrund, den so mancher bei sich selbst kennenlernen muß, und er muß ihn bei sich selbst auch überwinden. Zur Religion, zu Yoga oder zu einer spirituellen Schulung sollte jemand nicht kommen, um von dieser das Glück des Lebens zu erhoffen. Sobald er aber das Glück des Lebens erhofft, liest er auch die Schriften ungenügend. Er liest eine Schrift und erhofft sich durch die Schrift Wohlergehen. Das kann ihm zu einem gewissen Grad gelingen, solange die Schrift etwas Neues für ihn ist. Alles, was neu an den Menschen herankommt, belebt ihn wieder. Aber das Neue wird einmal alt werden, und dadurch entsteht wieder eine Lücke und eine mangelnde Zufriedenheit. Das Lesen einer Schrift darf nicht in Erwartungshaltung geschehen, sondern soll in lebendiger, eigener Gedankenbildung geschehen. Wir verstehen eine Schrift erst dann, wenn wir die Wahrheit eigenständig erforschen und zutiefst hineindringen mit unseren Vorstellungen und unserer Wahrheitssuche in die Gedanken des Autors. Wir müssen selbst schöpferisch aktiv werden und selbst diese Beziehung herstellen, damit wir nicht nur in einem passiven Verhältnis zu einer anderen Ausrichtung stehen. Das können heute nur sehr wenige Menschen. Alle unsere Erziehungssysteme arbeiten hier auch dagegen. Das ist von sehr großem Nachteil, weil die Menschen immer noch kränker werden auf diese Weise und somit auch immer mehr Probleme mit ihrer Psyche und mit ihrer gesamten Integration ins Leben bekommen. Diese Erwartungshaltung ist etwas sehr Schwieriges, und sie ist wohl bei jedem Menschen zu einem gewissen Grade angelegt. Diese Erwartungshaltung muß unbedingt überwunden werden, damit eine schöpferische, eigene, aktive Kontrolle und aktive Führung im Leben möglich wird. Zu dieser Kontrolle und dieser Führung im Leben entwickelt sich schließlich ein individuelles Bewußtsein und ein gesundes Integriertsein in die Welt. Dieser aktive Teil ist etwas Wichtiges für den gesunden Schlaf. Wir werden gesund, wenn wir aktiv Vorstellungen über Ideale und über die Außenwelt gewinnen, und der Schlaf wird gesünder, je aktiver unsere ganze schöpferische Einsatzfreude zum Leben wird.

Einen abschließenden Gedanken wollen wir hier an diese Ausführungen anschließen. Die Nachtphase in unserem Dasein ist ja von vielen Rätseln erfüllt. In der Nachtphase prägt sich die Außenwelt nach innen hinein. Während des Tages bringen wir vorbereitend jenes Verhältnis in unserem Leben hervor, damit sich in der Nacht schließlich der eigentliche Prozeß der Aufnahme vollziehen kann. Je intensiver unsere Beziehung zur Welt ist, um so intensiver wird auch die Außenwelt zur Innenwelt. Je mangelnder unsere Beziehung von uns selbst zur Welt ist, um so leerer wird auch die Aufnahmephase in der Nacht, denn das, was wir am Tage an Berührungen knüpfen und an schöpferischen Gedanken entfalten, kommt in der Nacht auf uns zurück. Wir entwickeln uns damit und entwickeln unser Selbstbewußtsein. Dieses Selbstbewußtsein ist unser Menschsein. Dieses Selbstbewußtsein trägt unser ganzes Dasein und umschließt unsere Freiheit. Es findet durch den Wechsel von Tag und Nacht etwas ganz Besonderes statt. Wir könnten nun die Frage stellen: Was ist der Sinn unseres Daseins? Diesen Sinn unseres Daseins können wir philosophisch auf unterschiedliche Weise benennen. Um ihn einmal auf eine bestimmte Weise zu benennen, darf gesagt werden: Der Sinn unseres Daseins ist die Vergeistigung des Lebens. Jeder einzelne von uns ist von der Natur oder von Gott oder vom schöpferischen, innersten Sein aus angelegt zu einer Vergeistigung der Schöpfung. Wir sind in das Leben hineingeboren und tragen eine innerste Funktion in uns. Dieser Funktion werden wir uns vielleicht für lange Zeit gar nicht bewußt. Zu irgendeiner Zeit rückt aber diese Aufgabe doch so leise in uns zu einem Bewußtsein heran. Es findet durch uns selbst eine Vergeistigung statt. Diese Vergeistigung kann nun im Sinne höherer Ideale, die durch uns in die Welt finden, oder im Sinne niedrigerer Ideale stattfinden. Es ist in gewisser Weise auch eine Vergeistigung, wie derzeit die Wirtschaftsexpansionen noch arbeiten. Nur ist es eine Vergeistigung, die nicht in spiritueller Weise oder wenigstens nicht in sichtbar spiritueller Weise stattfinden kann. Unser Leben aber funktioniert nach einer Art Verwandlung oder ständigen Umwandlung. Wir knüpfen eine Beziehung zur Außenwelt, wir schaffen uns Gedanken, wir schaffen uns Empfindungen, und diese Empfindungen werden in uns Wirklichkeit, sie prägen unsere Persönlichkeit, und sie finden wieder nach außen. Wir sind hier in einer ständigen Mittlerfunktion und in einer ständig aktiven Dynamik zwischen Himmel und Erde begriffen. Das, was wir an hohen Idealen in die Erfahrung bringen, das prägt sich mit der Zeit in unsere Persönlichkeit hinein und wirkt durch unsere Person wieder nach außen. Im idealen Sinne ist eine Einheit im realen Wirken von Gott und dem Menschen gegeben. Wir bringen durch die Arbeit, die um wahre Religion, um wahre Christlichkeit oder um wahre Vollkommenheit bemüht ist, wir bringen durch dieses Streben nach dem Ideal den Himmel langsam auf die Erde. Es mag vielleicht für jemanden, der hier nur ein einseitiges religiöses Verständnis besitzt, sehr anmaßend klingen, wenn vom Menschen diese Aufgabe gefordert wird oder dem Menschen diese Aufgabe zugesprochen wird. Aber jeder Mensch ist von seiner innersten Natur her so organisiert, daß er zumindest kleine Teile aus einem idealeren Dasein durch seine Persönlichkeit hineingestaltet und somit wieder zum Ausdruck in die Welt bringt. Wir sind selbst in einer ständig transformierenden Arbeit begriffen.

Diese Phasen von Tag und Nacht sind für diese Arbeit eine Notwendigkeit. Am Tage knüpfen wir die Beziehungen zu unseren Idealen, wir schaffen uns Gedanken über die Ideale, wir beginnen einen schöpferischen Prozeß und bringen damit tatsächlich Gedanken auch in die Geburt. Die Gedanken, die wir in die Geburt bringen durch unser Denken, werden in uns durchgestaltet, erschaffen in uns ein Selbstbewußtsein, und sie strahlen wieder durch unsere Persönlichkeit nach außen. Das ist etwas ganz Wesentliches, das jeden Tag und jede Nacht stattfindet. Tag und Nacht sind in einem Rhythmus zueinander geordnet. Die Nacht ist die Phase des Empfangens, der Eingliederung, der Tag ist die Phase unseres Aktivseins, unseres In-Beziehung-Tretens zur Welt. Es ist aus diesem Grunde etwas sehr Vorteilhaftes, wenn wir die Abendseite oder die Zeit vor dem Einschlafen zumindest in einer kurzen Rückschau oder einer kurzen Besinnung nützen und uns dessen gewahr werden, was wir in der Nacht schließlich in uns aufnehmen werden. Wir haben am Abend noch einmal die Möglichkeit, uns unserer Sünden, wenn wir es einmal christlich aussprechen, wieder etwas mehr bewußt zu werden und damit mit größeren Vorsätzen in das Leben hineinzugehen. Wir können aber auch unbedacht hineingehen in diese Nachtphase und somit ganz unbewußt diese Dinge geschehen lassen. Je besser wir aber verstehen, welche Geschehnisse stattfinden, um so mehr können wir dem Leben auch jene gewünschte Richtung geben. Die Nachtphase ist eine paradiesische und kindliche Zeit, die uns immer zu einem gewissen Teil von der Erde entrückt und uns in eine andere Welt, in eine himmlische oder eine engelhafte Welt hineingibt. Wie diese Verhältnisse zusammenhängen, wie die verschiedenen Substantialitäten in der Nacht wirken, das wollen wir dann in den nächsten Vorträgen detaillierter besprechen. Wir wollen auch besprechen, wie machtvolle Einschnürungen wirksam werden, beispielsweise wenn eine Lüge stattfindet, wie diese in der Nacht wirksam wird. Wir wollen jene Imaginationen in Bildern erbauen oder Möglichkeiten besprechen, wie diese

Gestaltungsphasen stattfinden und wie sich damit ein Leben in einer Synthese oder einer immer weiter werdenden Vergeistigung zwischen Himmel und Erde bewegt.

Die Verwandlung des Menschen in der Nacht

Vortrag vom 4. Dezember 1997 in Bad Aibling

Ich darf Sie alle recht herzlich begrüßen zu unserem heutigen Abend. Ich hoffe, daß die Ausführungen so schlicht und so einfach über dieses Thema heute geschehen, daß auch jener, der zum ersten Mal zuhorcht, einen einigermaßen brauchbaren und praktischen Eindruck über das Wesen des Schlafes erhalten kann. Es ist tatsächlich ein Thema wie das des Schlafes ein sehr mysteriöses Thema, und wir begeben uns auf eine uns unbekannte Ebene, wie wenn wir in ein fremdes Land hineinfahren würden. Dieses fremde Land mag vielleicht verschiedene Besucher aufnehmen, und es mag vielleicht von verschiedenen Gesichtspunkten aus betrachtet werden. Ich bitte Sie, daß Sie diese Ausführungen einmal von einem geistig erschauten Standpunkt aus nehmen und nicht als eine absolutistische Ausführung werten. Es gibt verschiedene Möglichkeiten, ein Land zu bereisen, und wenn man in ein Land reist, so wird man Eindrücke mitbringen und sie den Mitmenschen weitererzählen. So ist es auch mit diesen Schilderungen. Ich erzähle Eindrücke aus einer geistigen Erfahrungsebene oder aus einer übersinnlichen Erfahrungswelt, die eben eine Erzählung sind und nicht eine schon fertige Lebenslehre. Gerade das Thema des Schlafes ist ein Thema, das von vielen verschiedenen Seiten beleuchtet werden kann. Heute Abend wollen wir mehr den geistigen Hintergrund des Schlafes herausarbeiten und diesen geistigen Hintergrund mit einigen praktischen Beobachtungen des Lebens zusammenbringen. Diese praktischen Beobachtungen des Lebens können uns hierfür einen Anhaltspunkt geben, wie in uns immer eine Art andere Welt anwesend ist. Diese andere Welt ist im Schlaf gegeben als eine sehr reine Welt.

Während des Tagwachens sind die Sinne und Wahrnehmungsorgane in den Tag hineingerichtet. Während des Tages fließt die Sinnesaufmerksamkeit in die Welt. Unser Wesen verströmt sich hinein in die Welt. Am Tage schauen wir in die Welt und begeben uns in die Welt, wir leben hinein in die Welt, unsere Sinne berühren die Welt. In der Nacht aber ist dieser ganze Prozeß umgekehrt. In der Nacht können wir nicht von einer Ausströmung von innen nach außen sprechen, sondern von einer

Einströmung von außen nach innen. Die Innenwelt wird während des Tages mehr hineingleiten in die Außenwelt. In der Nacht aber – und das ist das Besondere, das wir gleich am Anfang berücksichtigen müssen – wird die Außenwelt in uns zur Innenwelt. So ist in der Nacht ein ganz anderes Verhältnis gegeben als am Tage. In der Nacht kehrt sich, könnte man direkt im einfachsten Sinne sagen, der übliche energetische Prozeß der Sinne genau in die entgegengesetzte Richtung um. So ist die Nacht eine ganz besondere Phase, weil eine Einströmung oder eine Art Empfängnis von einer anderen Welt stattfindet. Nehmen wir einmal ein praktisches Beispiel, damit wir diesen hier definierten oder geschilderten Zusammenhang uns noch besser vorstellen können.

Ein Kind, beispielsweise im ersten Lebensjahr, aber auch noch im zweiten, dritten, bis durchaus noch im sechsten, siebten Lebensjahr, nimmt ganz die Außenwelt in sich hinein, denn das Kind hat noch kein eigenes Selbstbewußtsein oder noch keine eigenen Unterscheidungskriterien, wie es auf die Welt zugehen könnte. Die Außenwelt wirkt ganz direkt ohne Einschränkung in die Innenwelt des Kindes hinein. Deshalb ist es auch bei der Erziehung etwas sehr Wesentliches, daß die Kinder über die entsprechende Außenwelt geformt werden, also daß sie nicht blindlings der Außenwelt einfach überlassen werden. Wenn ein Kind zum Beispiel fernsieht, gerade in diesen jungen Jahren, dann nimmt es unmittelbar diese Realitätsebene in sich hinein und formt damit den Körper aus. Die Außenwelt wird beim Kind sogleich und unmittelbar Innenwelt oder, sagen wir es anders, das Kind baut aus der Außenwelt und aus den Eindrücken, die es von der Außenwelt aufnimmt, die Innenwelt langsam auf. Freilich kommen in einem Entwicklungsweg ganz viele Kräfte zusammen, aber beim Kinde bemerken wir, wie die Eindrücke durch Nachahmung unmittelbar Innenwelt werden.

Beim Erwachsenen nun ist dies anders. Der Erwachsene hat ein Selbstbewußtsein oder eine Art Vernunft, wie man im einfachsten Sinne sagt, die ihn über die normalen Instinkte hinüberhebt und die ihn zu einer größeren Unterscheidungskraft bringt. Dieses Selbstbewußtsein oder diese Vernunft bringt die Notwendigkeit mit sich, daß sich der Erwachsene die entsprechenden Sinneseindrücke, die er in der Welt erhält, auch zurechtordnen muß, sie auswählen muß, sie unterscheiden muß. Der Erwachsene würde in einem mehr oder weniger gefühlsmäßigen

Strombett entlanggleiten, wenn er diese Sinneseindrücke, die er tagtäglich von der Außenwelt gespiegelt bekommt, nicht entsprechend ordnen würde. Die vielen Krankheiten, wie zum Beispiel Nervosität oder nervliche Dysregulationen, beruhen im allereinfachsten Sinne ja darauf, daß diese Sinneseindrücke vielleicht ein Zuviel werden und in diesem Zuviel das Innenleben immer mehr irritieren und somit das gesamte Bewußtsein in die Nervosität, in die Unruhe führen. Die Außenwelt wird auch beim Erwachsenen Innenwelt, und dies geschieht am intensivsten im Schlaf. Am Tage aber wird diese Innenwelt mehr nach außen gebracht.

Es ist nun eine ganz interessante Beobachtung, eine mehr geistig-philosophische Beobachtung, die ich möglichst in einfachen Bildern darstellen möchte, wie diese Außenwelt sich in der Nacht in uns hineingliedert. Hier müssen wir einen Begriff oder Begriffe einfügen, die in unserer Art der Theologie sehr ungünstig verdrängt wurden. Wir müssen einen Begriff einführen wie den »Engel«. Der Engelbegriff wurde in unserer Theologie ziemlich an den Rand gedrängt, und heute ist dieser Begriff damit auch in christlichen Kreisen eher verpönt. Der Engel aber hat hier eine ganz besonders wichtige Aufgabe in dieser Übermittelung einer Außenwelt, die Innenwelt werden soll. Nehmen wir einmal ein praktisches Beispiel, das Sie auch alle recht leicht nachvollziehen können. Nehmen wir einmal den Menschen im Vergleich zu einem Tier – es ist immer schwierig, wenn man solche Dinge vergleicht, daß sie nicht mißverstanden werden – aber nur um der unterscheidenden Beobachtung willen soll dieser Vergleich einmal genommen werden. Man sagt heute, und leider sagt man dies, daß der Mensch auch nur ein etwas besser geformtes Tier sei. Aber das ist eine sehr, sehr unglückliche Aussage, eine Aussage, die das Wesen des Menschen in ein Reich degradiert, das ihm doch nicht zusteht, wenn auch vielleicht der Mensch in vielerlei Weise entstellt ist und in vielerlei Weise gegenüber den Instinkten des Tieres absolut unvollkommen erscheint. Vergleichen wir aber einmal ein noch kleines Kind, wie es im ersten Spiel der Bewegungen sich zurechtfinden möchte, wie es die ersten Gehversuche beispielsweise macht, wie es sich so langsam an der Kante des Stuhles hochziehen und sich so ganz leise in die ersten Schritte hineinfinden möchte. Wenn wir diese Beobachtung machen und kontemplativ auf uns wirken lassen und sie einmal damit vergleichen, wie ein Tier sich in die Welt so langsam hineinfindet, wie sich ein junges Tier bewegt, dann werden wir feststellen – dies mit einiger ruhiger Beobachtungsgabe und einem künstlerischen Sinn – daß bei dem Tier und bei dem werdenden Menschen ganz andere geistige Führungsweisen arbeiten. Es arbeitet bei dem jungen Erdenbürger, bei dem kleinen Kind, tatsächlich fast schon für das Auge sichtbar das Engelwesen, während beim Tier nur ein mehr elementares Wesen arbeitet, das nicht als Engel bezeichnet werden kann. Es ist ein anderes Wesen, vielleicht ein sehr vollkommen arbeitendes Wesen, aber es ist ganz anders von der Art her. Deshalb, wenn Sie einmal eine solche Beobachtung auf kontemplative Weise machen, dann können Sie vielleicht auf erste leise Weise ahnen, daß im Menschen und im Werden des Menschenleibes Engelwesen arbeiten. Sie arbeiten und formen das persönlich werdende Leben nach genau gewähltem Maße, sie formen den Charakter, die ganze Gestaltung, das Antlitz, das Aussehen, die Physis und die Psyche. Am Menschen arbeiten andere, edlere oder mit Sinnen begabte Wesen als zum Beispiel am Tier. Das ist eine Beobachtung, die wir einmal vorweg so festhalten können.

Es stellt sich aber weiterhin die Frage, was dieser Engel, der in unserer Kultur immer mehr durch den Materialismus entschwunden ist, tatsächlich weiterhin noch sein kann. Was ist dieser Engel, oder wie arbeitet ein Engel? Wollen wir uns hierfür noch einmal eine Art Beobachtung entwickeln, eine Beobachtung, die wir alle im Leben auf relativ unkomplizierte Weise machen können. Es ist vielleicht ganz günstig, wenn ich hier ein praktisches Beispiel nehme, denn durch ein praktisches Beispiel ist es uns leichter, diesen Dingen etwas näher zu kommen. Wenn sie bloß erzählt werden, ohne daß wir dabei selbst aktiv in der Beobachtung schauen und uns entsprechend gezielt ausrichten, ist es schwieriger. Ich möchte hierfür einmal jemanden nach vorne bitten, damit wir eine Beobachtung aufstellen können. Es ist nur deshalb, damit wir eine Blickrichtung hierfür entwickeln. (Eine Person kommt nach vorne.) Wenn Sie jetzt einfach einmal den Blick ganz unkompliziert auf die Person lenken, sie einfach nur betrachten. (Die Person wird für wenige Minuten betrachtet.) Beenden Sie dann die Beobachtung wieder, aber bitte verweilen Sie noch kurz. Jetzt werde ich einmal die Beobachtung gedanklich leiten. Wenn Sie mir einfach in dieser Beobachtung mit Ihrer Aufmerksamkeit folgen. Betrachten Sie einmal die Kopfform. Ist sie oval oder ist sie eckig, ist sie oben breiter? Dann betrachten Sie die Stirn, die Haare. Dann gehen Sie weiter nach unten und betrachten die Schultern. Scheint es ein Bergsteiger zu sein, der breite Schultern hat? Dann betrachten Sie die Kleidung. Scheint es ein Beamter zu sein oder scheint es kein Beamter zu sein? Betrachten Sie nun die Proportionen von den Beinen zum Rumpf... Ja, jetzt wären wir so weit, daß die Phase der Beobachtung beendet wäre. (Die Person geht wieder zurück ins Publikum.) Wenn wir jetzt noch einmal kurz diese Beobachtung reflektieren. Schließen Sie hierfür ruhig die Augen oder halten Sie kurz inne und reflektieren Sie das Gesehene noch einmal, rufen Sie es noch einmal in die Erinnerung. Die Kopfform, die Haare, die Stirn, dann den Schultergürtel, das Verhältnis der Beine zum Rumpf und die Kleidung. Damit hat sich das Bewußtsein mit seiner Aufmerksamkeit einmal einer Sache, einer Betrachtung gedanklich hingewendet. Nun haben wir einen Eindruck über diese Betrachtung gewonnen.

Es stellt sich nun die Frage, wie innerhalb der Betrachtungen der Engel wirkt. Wie wirkt der Engel während der tätigen Aktion und wie wirkt er im nachhinein? Der Engel wirkt stärker in der Nacht als am Tage. Er kann stärker in der Nacht wirken, weil wir in der Nacht gegenüber uns selbst und unserer Art des Willensvermögens, gegenüber unserer projektiven Willensausstrahlung oder unserer Subjektivität aus uns selbst heraus schweigen. In der Nacht kann der Eindruck somit unbefangen auf uns weiterwirken. Dieser Eindruck, der in der Nacht nun weiterwirkt, kann uns – und das weiß der intuitive Volksgeist durchaus – zu einer entsprechenden Erkenntnis führen. Vielleicht wissen wir am nächsten Tag, um es ganz grob auszusagen, ob uns jener Mensch gut gesinnt oder ob er uns übel gesinnt war. Das kann durch die Nacht in uns zu einer Art Intuition oder zu einer gedanklichen Bewußtheit kommen. Deshalb sagt man auch, daß man vor einem schwierigen Problem oder einem Vertragsabschluß eine Nacht schlafen sollte, denn am nächsten Tag sieht man meist mehr Zusammenhänge als mit der ersten Ansicht. In der Nacht scheint deshalb ein Informationsprozeß oder Wahrheitsvorgang vorzugehen. Das, was vorgeht in der Nacht, ist tatsächlich ein geheimnisvoller Vorgang. Wir können uns das so vorstellen: Am Tage lebt eine Art Begierde, ein Wollen oder eine Art Triebkraft, eine Art Verlangen, ein Möchten nach einer bestimmten Idee, nach einer bestimmten Welt oder einem bestimmten Gefühl. Und da wir mit diesem Gefühl zu stark nach außen strömen und nicht im Schweigen und nicht in einer wirklichen Ruhe begriffen sind, kann dasjenige Wesen, das wir als Engel bezeichnet haben, nicht wirklich bewußtseinsbereichernd an uns arbeiten. Es kann nicht frei den Eindruck vermitteln. In der Nacht aber schweigt unser Wesen – gerade im traumlosen Schlaf ist das der Fall, nicht während des Träumens –, wir ruhen im Tiefschlaf, und es ist das Bewußtsein nun in einem anderen Raum begriffen. Dieses Bewußtsein geht hinein, gleichsam wie hinter einen Vorhang, in ein anderes Gebäude, in eine andere Region. Und dort wird sich das Bewußtsein der ganz anderen Eindrücke gewahr, die nicht in diese Tageswelt oder diese übliche Sinneswelt gehören. Das, was sich hinter dem Vorhang im Tiefschlaf abspielt, ist geradewegs ein bildhaftes Erleben von Eindrücken, die auf uns selbst zukommen. Es ist dies ein Raum, den das Bewußtsein hier betritt, der vergleichbar ist mit einer Art Gedankenwerkstatt. In dieser Gedankenwerkstatt werden die verschiedensten Eindrücke produziert oder in die richtige Region geschaffen, und sie werden damit entsprechend in dieses losgesagte Bewußtsein hineingegeben und in diesem sich in der Narkose befindlichen Bewußtsein auch geformt. In der Nacht findet ein intensiver Lernprozeß statt. Der Engel arbeitet in der Nacht und gibt ein neues Bildbewußtsein, er formt ein wissendes Bewußtsein, er schaut uns mit seinem Gesicht an. Einen Engel könnten wir uns im einfachsten Sinne so vorstellen – und so wird er in der Regel heute auch geschaut – er wird so erlebt wie ein Angesicht, das uns betrachtet. Normalerweise betrachten wir am Tage die Welt und sind nicht im einenden Lichte der Betrachtung begriffen, weil die Eindrücke durch uns selbst vermischt und in einer zu starken Differenzierung ausgeströmt sind. In der Nacht aber werden wir angeschaut. Ein Gesicht oder mehrere Gesichter schauen uns an, und der Engel ist zu sehen wie ein Gesicht, wie ein sehr himmlisches Gesicht, das an der seelischen Entwicklung arbeitet und das keimende Bewußtsein immer mehr zu einer größeren Erkenntnis oder Wahrnehmung führen möchte.

Jetzt könnte man aber sagen, daß man am nächsten Tag oft gar nichts mehr von dem weiß und daß ja diese Schlafphase unter Umständen mehr Belastung darstellt als die Tagesphase. Es gibt hier viele Variationen, die im Leben zusammenwirken. Es ist aber eine tiefe Wahrheit, daß dieses engelhafte Wesen für uns arbeitet, nur hängt dieses Arbeiten des Engels auch davon ab, wie wir uns am Tage in Beziehung bringen können zur Welt. Je verworrener die Beziehung ist, die wir zur Welt und zu den Sinneseindrücken aufbauen, um so undifferenzierter und unkonkreter entsteht damit auch das Arbeiten hinter dem Vorhang, und wir werden dadurch im Nervensystem eher noch mehr durcheinandergerüttelt. Die Regenerationsphase kann nicht so glücklich eintreten, wie sie eintreten würde, wenn wir am Tage möglichst geordnete und vor allem auch brauchbare Sinneseindrücke aufnehmen und damit verarbeiten würden. Je nachdem welche Sinneseindrücke und wie intensiv das Bewußtsein auch die Sinneseindrücke am Tage aufnimmt, so wird auch die Arbeit in der Nacht sein. Die Arbeit in der Nacht ist deshalb immer mit einer schöpferischen Gestaltungsarbeit für das werdende Bewußtsein verbunden. Dasjenige, was in der Nacht stattfindet, ist, daß alle Eindrücke zu einer Wahrheit oder zu einer größeren Wahrheit, zu einer förderlichen Bewußtheit hinkommen wollen. Der Engel hilft uns auf diesem Weg. Aber er kann uns natürlich auch nur entsprechend dem Maße entgegengehen oder zu uns arbeiten, wie wir im Leben einigermaßen eine gute Beziehung aufbauen zu der Welt, zu den Mitmenschen und innerhalb der Sinneseindrücke zu der Außenwelt. Diese Beziehung müssen wir sorgfältig aufbauen, dann ist das Arbeiten in der Nacht zu der Bewußtheit besser. In einer geistigen Schulung ist das etwas sehr Wichtiges, denn in einer geistigen Schulung oder, einfacher gesagt, wenn jemand intensivere Fortschritte in der Seele machen will, dann muß er sich am Tage geordneter den Sinneseindrücken hinwenden, sie aufbauen, sie gestalten, sie in der Intensität, die notwendig ist, zu bestimmten Objekten ausrichten, damit diese Objekte im eigenen Wesen zur Innenwelt werden und sie entsprechend aufgenommen werden können. Das ist ein Arbeiten, das durch den Engel in den Nächten seine Fortsetzung erhält. Der Engel hilft der werdenden Bewußtseinsentwicklung in diesem Sinne auf dem Weg. Er ist eigentlich auf diesem Weg einer seelisch-geistigen Entwicklung unentbehrlich.

Kehren Sie bitte noch einmal mit der Aufmerksamkeit auf die Erinnerung der Personenbetrachtung zurück. Wenn Sie eine Person am Tage betrachten oder gegebenenfalls auch irgend etwas Gegenständliches, so glitzert Ihnen der Eindruck sicherlich nicht entgegen. Nun ist es aber möglich, daß Sie eine intensive geistige Schulung absolvieren und Ihr Bewußtsein auf eine leiblich gelöste Wahrnehmungsstufe führen. Nehmen Sie diese Vorstellung einmal als Realität. Sie werden nach kurzen konzentrierten Betrachtungen dann ein Glitzern bemerken, das sich aus dem Betrachtungsobjekt verstärkt und auf Sie während Ihrer Übung einwirkt. Dieses Glitzern, gleich dem unendlich vieler Sterne, fließt ihnen entgegen, obwohl Sie die Aufmerksamkeit nach außen richten. Auf diese Weise sieht der Hellseher erstmals den Engel im Wirken.

Es gibt aber noch andere geistige hierarchische Wesen, die auf einer etwas anderen Ebene arbeiten. Wir haben jetzt den Engel charakterisiert, und der Engel schaut uns mit einem seligen Gesicht in der Nacht an. Es ist ein seliges Gesicht, das uns direkt entgegenkommt in der Nacht. Ein anderer Engel, der als Erzengel bezeichnet wird, und der auf eine andere Stufe der Entwicklung hinarbeitet, tritt uns ebenfalls in der Nacht entgegen. Dieser Engel ist ein sehr lichter Engel, der auch am leichtesten zu schauen ist von allen Engeln. Dieser Engel nimmt uns mehr schützend mit seinen Flügeln in der Nacht in den Arm, und in dieser Nachtphase spricht er, ganz übertragen gesehen, etwa folgende Worte: »Das, was du am Tage vollbracht hast an Werken, das, was du gemacht hast an bestimmten Verrichtungen, all das, was du in Worten zu deinen Mitmenschen gesprochen hast und all das, was du in Gedanken und Gefühlen deiner Welt entgegengebracht hast, was du von dir, von innen heraus der Welt entgegengebracht hast, all dasjenige bist du selbst, denn du bist nicht von deinen Taten, deinen Gedanken und deinen Gefühlen getrennt. Du bist nicht der, der du glaubst zu sein nur im Körper, sondern du bist derjenige, der in Taten, in Worten, Gedanken, Gefühlen und Handlungen zur Welt geht. Der bist du. Und da du der bist, sollst du auch die entsprechende Richtung aus deinen Gedanken und aus deinen ganzen Gefühlen für den nächsten Tag erhalten. Du sollst nicht ein anderer sein als deine Gedanken sind, sondern du sollst der sein, der du nach deinen Gedanken bist, und ich will dir die Richtung weisen, die du nach deinen eigenen Gedanken gehen möchtest. Das ist meine Führung, die ich dir insgeheim während des Tages und etwas direkter während der Nacht übermittle. Am Tage bin ich für dich nur schwer sichtbar, aber in der Nacht nehme ich dich direkt unter meine Flügel.« Das ist ein Empfinden, das durchaus sogar recht real nachvollzogen werden kann.

Wenn wir von einem besseren Verhältnis aus den Tag beobachten, dann kann es sein, um ein praktisches Beispiel wieder herauszugreifen, daß wir vielleicht auf irgendeine Weise mit irgendeiner Sache Probleme haben und uns auf moralisch etwas ungünstige Weise in diese Sache verwickeln. Und somit wächst der Konflikt in uns heran und bringt uns mehr und mehr über die Tage hinweg zu einer nicht so glücklichen Lebensmeisterung, zu einer schlechteren moralischen Beziehung zu den Mitmenschen und auch zu einer schlechteren inneren Situation, die uns eher härter macht in uns selbst. Wir werden härter, weil wir mit einem Konflikt nicht zurechtkommen. Der Engel arbeitet aber Nacht für Nacht weiter und weist uns eine bestimmte Richtung und sagt:»Ich werde in deinem Leben nicht von deiner Seite weichen und ich werde dich – ohne daß du es weißt – ganz genau, Schritt für Schritt an einen bestimmten Platz auch hinführen. Ich werde dich – sagen wir – nach München führen, an eine bestimmte Kreuzung, und dort wirst du mit einem bestimmten Menschen, der von einer ganz anderen Richtung kommt – sagen wir – von Stuttgart, einen Zusammenprall haben. Dort werde ich dich zu einem genau gewählten Zeitpunkt mit dem genau gewählten Menschen zusammenführen, denn du benötigst diese Begegnung und du benötigst auch diesen Zusammenprall. Du benötigst dies, weil dein Leib, der kompakter geworden ist, der in sich droht zu verhärten, durch ein Schockerlebnis wieder auseinandergerissen werden muß, denn dann ist das Bewußtsein wieder freier verfügbar für wachere Eindrücke. Der Konflikt, den du gemacht hast,« sagt der Engel,»soll dich nicht verhärten, deshalb will ich dich zu solch einem Ereignis führen, das dich wieder mehr lockert, mehr löst, mehr befreit und dich somit wieder mehr in eine neue Richtung des Lebens führen kann.« Der Erzengel ist in diesem Sinne ein innerer Führer, ein Wegbegleiter, der uns in der Nacht entsprechend unserer Gedanken genau zu dieser Stelle oder zu diesen notwendigen Ereignissen hinführt. So ist in der Nacht der Erzengel in dieser Weise tätig, daß uns der Weg vielleicht mehr in eine Art Einsamkeit führen kann oder mehr in eine Geselligkeit, in ein Gemeinschaftsempfinden mit der Welt. Der Erzengel gibt uns die Richtung an und zeigt uns, was wir am nächsten Tage mehr aus einem innersten, geheimen, aus einem ganz verborgenen Wollen an Kräften heranziehen müssen. Wir ziehen die Kräfte entsprechend unserer verborgenen oder heimlichen Determination in der Nacht an. In der Nacht geschieht eine Vorbereitung der Führung, die sich am Tage durch Anziehung der genau gewählten Inhalte oder der genau gewählten Begebenheiten entwickelt. Die Nacht ist also der entsprechende Ort, wo sich diese Führung in die Aufladung gibt. Man würde vielleicht in einer mehr anthroposophischen Fachsprache sagen, daß in der Nacht der Äther eingestimmt wird, damit sich im Astralen dann die entsprechende Anziehung oder die entsprechende Begebenheit entwickeln kann. Jedenfalls, in der Nacht entwickelt sich das Gesetzesweisen und bestimmende Gesetzesrichten zu dieser Führung.

Wenn wir den Erzengel studieren oder uns einen Sinn dafür aneignen, wie er arbeitet, dann können wir auch leichter ein Verständnis für Meditation und Gebet finden. Dies ist ein sehr langwieriges Thema, und es ist vielfach in gewisser Weise schon in anderen Zusammenhängen von mir angedeutet worden. Es ist aber ein sehr ausführliches Thema, und ich will nun wieder ein praktisches Beispiel zur Verdeutlichung herausnehmen, damit wir eine Vorstellung finden, um was es sich auch weiterhin bei dieser geheimnisvollen Anziehung in der Nacht noch handelt. Es sagen ja viele Personen aus einem sehr guten Willen heraus, daß sie ihren Mitmenschen helfen wollen, aber nicht wissen, wie sie ihnen helfen können. Und so entsteht die Frage sehr häufig: Wie kann ich meinem Mitbruder oder meiner Schwester, wie kann ich meinem Kinde, meinen Verwandten, meinem Freund oder vielleicht auch meinem Feind helfen? Ich weiß nicht, wie ich ihm helfen kann. Er hat eine Sucht oder er hat einen Konflikt, und ich möchte ihm so gerne beistehen. Wie kann ich das tun? Das ist eine Frage, die häufig in unserer Zeit auftritt. Die Antwort wäre sicherlich einfach: Bete zu Gott, Gott wird ihm schon helfen. Aber die Frage stellt sich sogleich: Wie kann eine Bitte zu Gott ausgerichtet sein, damit sie wirklich diesen Zusammenhang trifft? Das Beten muß auch gelernt sein, oder das Beten muß in der richtigen Einordnung stehen. Das Bitten allein zu einem Gott, den wir nicht kennen, oder zu einem Gott, den wir vielleicht gar nicht einmal in einem realen Glauben annehmen, ist noch sehr wenig. Es ist dies deshalb eine sehr praktische Vorstellung, die wir uns aneignen können über diesen Zusammenhang, der in der Nachtphase und am Tage stattfindet. Am Tage können wir eigentlich nicht mehr tun, als das Feld des Lebens pflügen. Wir können nicht mehr tun, als diejenigen Bereiche aufsuchen, die wir auch konkret aufsuchen können. Wir können uns beispielsweise nur eine Betrachtung aneignen über einen Menschen oder uns eine Betrachtung aneignen über eine Sache und sie intensiv gestalten. Wir können aber das Ergebnis noch nicht gewinnen, wir können über den Erfolg der Sache noch nicht entscheiden, denn am Tage bearbeiten wir etwa wie ein Knecht das Feld, und in der Nacht wird die Saat von einer anderen Warte aus gesät. Das heißt, wir sind der Knecht, wir bearbeiten die Sache, und es kommt schließlich eine größere Dimension, die das Ergebnis oder die Saat liefert. Das findet in der Nacht statt. In der Nacht tritt eigentlich die Gabe ein, das Geben. Das Geben von Seele zu Seele findet in der Nacht statt. Am Tage findet mehr das Pflügen des Feldes statt. Der Ackerboden des Lebens wird vorbereitet, er wird umgewälzt, er wird gestaltet, aber die Saat kommt erst in die Furchen in der Nacht. Und dies geschieht nicht aus uns selbst, denn wir können nicht säen, wir können uns nur der Sache hinwenden und arbeiten. Das wird in der Meditation und auch im Gebet meistens zu einer Schwierigkeit, denn wir können in der Meditation meist noch nicht unterscheiden: Was ist das Säen oder was ist das, was durch sich selbst wirkt, und was müssen wir tun? Was bedeutet es, eine konkrete Beziehung zur Welt aufzubauen? Deshalb müssen wir uns um das Gebet, um die Meditation oder um die konkrete Ausrichtung bemühen. Wenn wir einem Menschen helfen wollen, so liegt darin ein gewisses Geheimnis. Mit einem guten Willen werden wir einem Menschen immer helfen. Wenn wir eine Empfindung in das Gebet hineinlegen, werden wir in einem ersten Schritt helfen. Es soll die tätige Nächstenliebe nicht zu kompliziert gemacht werden. Aber trotzdem wollen wir uns eine Vorstellung darüber bilden, wie diese tätige Nächstenliebe stattfindet in der Nacht.

Je besser es gelingt, eine Betrachtung am Tage aufzustellen, je intensiver unsere Augen zu einer Sache gleiten, was wir am Beispiel der einfachen Anschauung vorhin auch gesehen haben, je konkreter und ehrfürchtiger die Anschauung wird, je mehr wir uns beschäftigen, und je klarer wir uns eine identitätstreue Vorstellung bilden über das, um was es sich handelt, um so besser überträgt sich in der Nacht eine gebende Substanz. Denn dasjenige, was am Tag sich vorbereitet, die tiefe Furche, die wir in die Erde graben, kann in der Nacht besser die Saat aufnehmen. In der Regel ist das so, daß wir an einen Menschen denken und dabei seine Probleme und Konflikte kennenlernen. Er ist beispielsweise drogensüchtig und ihm muß geholfen werden. Und wir wollen ihm helfen aus gutem Herzen heraus. Es ist aus einer einfachen Christlichkeit heraus gut, wenn wir diesen Wunsch in uns tragen, aber es ist noch mehr wert, wenn wir uns tatsächlich eine Vorstellung darüber schaffen, was in diesem Menschen vorgeht, was in diesem Menschen an auswegslosen Bindungen lebt. Die vielen gut gemeinten Ratschläge von außen können tatsächlich zu Schlägen werden, denn der Betroffene möchte vielleicht von seiner Drogensucht wegkommen, aber er kann nicht hinwegkommen, weil er noch nicht die Kraft im Selbstbewußtsein und in der Führung des Lebens aufbringt. Er hat noch nicht das Rückgrat, daß er sich über diese Dinge hinwegsetzt, die ihn peinigen, die ihm zur Sucht werden. Er braucht den Zustrom einer realen Perspektive, die erst für ihn kommen muß, damit er herauskommt aus seinem Dilemma. Je mehr wir nun fähig werden, an einen anderen Menschen überhaupt zu denken – und das ist nichts Leichtes – und uns eine Vorstellung über den Menschen und über die Hintergründe und durchaus über die seelisch-geistigen Zusammenhänge bilden, um so mehr bringen wir durch diese schöpferische Aktivität eine bildende Kraft in das Leben hinein, und wir bringen somit auch eine größere Hoffnung hinüber zu dem Menschen. Es ist wie ein intensiveres Gebet. Wen bitten wir? Wir bitten Gott. Aber wer ist Gott? Gott ist nicht getrennt von einem immerwährend waltenden Willen in der Individualität. Jede tiefe Erkenntnis oder jede tiefe Anschauung, die wir uns im Leben erringen durch freudige Hingabe, durch eine gewisse innere Bereitschaft zur Anschauung, durch eine Konzentrationsentwicklung, wirkt in der Nacht weiter, und es entsteht in einer geheimnisvollen Führung eine Übertragung der Seele. Es muß nicht unsere Seele sein, die sich hinüberträgt auf den anderen, es ist mehr ein Licht, das sich hinüberträgt. Es ist ein Licht, das sich in das freie Kosmische hinein in der Nacht intensiver auflädt und für den anderen am nächsten Tag zu einer größeren Verfügbarkeit wieder wird, zu einem größeren Willensvermögen beiträgt. Unsere schöpferische Arbeit, je nachdem wie sie gestaltet ist, führt in der Nacht tatsächlich zu einer Aufladung der innersten Lichtsphäre oder des innersten Sternenmeeres, der innersten Energien, die in den Sternen enthalten sind. In der Nacht findet deshalb die Gabe unseres Wesens, das, was wir an Opfer, an Hinwendung, an Erkenntnisleistung gebracht haben, in die schöpferische Sphäre des Kosmos hinein und von dort strahlt dieses so dargebrachte Licht wieder durch den Erzengel für den anderen hinaus. Der Erzengel ist in diesem Sinne der Überbringer jener Schicksalsfügungen, er ist der Übermittler, er ist derjenige, der den telepathischen Prozeß leitet und führt, und er nimmt seinen Ausgang am stärksten in der Nachtphase. Das ist das Arbeiten des Erzengels. Freilich, dieser Erzengel hat noch viele Aufgaben und er kann auf unterschiedlichen Ebenen wirken. Es sind hier zwei Beispiele damit herausgegriffen.

Nehmen wir nun einen dritten Engel als Beispiel, über den wir uns eine Vorstellung bilden wollen. Dieser Engel nun ist sehr schwer sichtbar. Er ist so schwer sichtbar, weil er keinen auch nur annähernd verdichteten Leib mehr besitzt. Er besitzt eigentlich nur noch eine Art Feuergestalt, die aber so wenig differenziert oder so wenig sichtbar ist, daß sie für den, der tief in die Bereiche hineindringt, auch schwer beschreibbar ist. Dieser Engel wird Archai genannt, und der Archai arbeitet ebenfalls in der Nacht. Er arbeitet auch am Tag, aber er arbeitet am stärksten in der Nacht. Das, was in der Nachtphase stattfindet, das kennen wir auch wieder von verschiedenen Beispielen, indem wir das Wohlbefinden beobachten, wie es uns vielleicht am Abend in unserem Selbstbewußtsein ergangen ist und wie es uns am nächsten Morgen mit unserem Selbstbewußtsein ergeht. Wohl, ist es nicht so? Am Abend sind wir voller Tatendrang, voller Energie, am Abend erwacht das ganze Bewußtsein. Am Abend können wir vielleicht Pläne schmieden, die in größte Ideale ausholen, und am nächsten Morgen stehen wir auf und sind vielleicht doch ganz kleinlaut, denn das, was wir am Abend noch mit größtem Selbstbewußtsein belegt haben können, das ist plötzlich entschwunden, das scheint gar nicht mehr existent zu sein. Im Übel des Verlustes schleppen wir uns träge und nervös und überempfindlich durch die ersten sorgenbeladenen Vormittagsstunden. All dieser Eifer, all diese Freude, all diese großartigen Pläne sind uns in der Nacht wieder verlorengegangen. Wer kennt derartige Gefühle nicht? Es scheint auch wiederum in der Nacht ein Verwandlungsprozeß stattzufinden. Dieser Verwandlungsprozeß tritt auch tatsächlich ein, und er tritt durch den erwähnten Archai ein.

Wir treten – und dies kann hier nur bildhaft wieder geschildert werden – etwa so, wie wir den Tag verlassen haben, mit allem menschlichen Ballast, mit aller menschlichen Eigensinnigkeit zu diesem Engel nun hin und setzen uns zu seinen Füßen. Zu seinen Füßen bemerken wir dann wie eine überkommende Überwältigung, daß da eine ganz andere Welt durch ihn symbolisiert wird. Der große Engel, der Archai, spricht sinnbildhaft mit seiner Stimme zu uns, und er spricht in etwa folgenden Worten: »Deine Leistungen sind schon alle recht gut, die du erbracht hast am Tage. Deine Pläne sind beachtenswert, dein Eifer im Leben ist vorbildlich, deine schönen und guten Ideale, die du dir angeeignet hast in deinen Fachgebieten, sind sehr lobenswert. Aber ich will mit einer Sache nicht zufrieden sein, und diese Sache will ich nun herausfiltern aus all dem, was da an Plänen bestanden hat. Ich will dir dein Selbstbewußtsein an die richtige Stelle rücken, denn das Selbstbewußtsein sollte nicht dein Eigentum sein. Du hast vergessen im Leben, daß das Selbstbewußtsein, diese höhere Krone, einer anderen Welt angehört. Ein Selbstbewußtsein darfst du nicht für das Leben nehmen, denn es ist die Leihgabe des Höchsten. Die Handlungen, deine Gedanken, deine ganzen Vorstellungen sollst du schmieden und zimmern, du sollst sie in immer größerer Weite entfalten und in den Dienst der Welt stellen, aber das Selbstbewußtsein, die Krone des Geistes, ist nicht geeignet für diese weltlichen Pläne. Das Selbstbewußtsein gehört nicht in diese Welt. Und damit es aus dieser Welt enthoben wird, werden alle Taten einmal sorgfältig auf die Waagschale gelegt, und dann wirst du mit dieser Zensur wieder den nächsten Tag beginnen.« Und deshalb ist am nächsten Tag für das Gefühl vielleicht eine ganz andere Situation gegeben, weil die Individualität in der Nacht eine Art Tod ihres eigenen, projizierten Selbstbewußtseins erlebt habt. Wir durchschreiten – wenn man es ausdrückt mit einem Begriff – eine sogenannte Vertreibung aus dieser Welt. Die reine Individualität wird aus dieser Welt mehr herausgelöst. Wenn das Selbstbewußtsein am Tage bestehen bleiben würde, so wie es sich undifferenziert und immer machtvoller durch Taten und Ereignisse entwickelt, durch Erfolge zum Beispiel sich entwickelt, würde es tatsächlich zu einem immer größer werdenden Dominieren führen. Deshalb muß eine Beziehung entstehen zwischen dem, was Denken, Fühlen und Handlung ist, zu dem, was Selbstbewußtsein ist.

Denken wir einmal kurz darüber nach, was das eigentlich heißt: ein Selbst und ein Bewußtsein im Selbst. Dieses Selbst, das der indische Geist auch bezeichnet als *ātman*, gehört einer ganz objektiven, freien Welt an, die im allerreinsten Willen besteht und somit eigentlich nichts mit all den Verrichtungen in gebundener Hinsicht zu tun hat. Das Ich oder das Selbstbewußtsein, das Selbst in reinster Form ist ein Bürger, der zwar in der Erde lebt, aber nicht von der Erde ist. Wenn nun der Gesetzesvertreter des Archai in der Nacht nicht arbeiten würde, so würden die Individualitäten wohl zu einem zu mächtigen, vitalen und unreinen

Selbstbewußtsein wachsen, das der Entwicklung in gesunder Weise aber auf Dauer zum Verhängnis werden würde.

Nehmen wir noch ein anderes Beispiel, um diesen Zusammenhang so praktisch und lebensnah wie möglich auszuführen. Nehmen wir an, wir sind Bergsteiger, und als Bergsteiger schmieden wir auch große Pläne, dies vielleicht für eine Erstbegehung, für eine große Klettertour, für ein ganz großes Unternehmen. Und wir sitzen zusammen, wie es auch oftmals ist, wenn fünf Jungs bei guter Kondition und Lust so zusammensitzen. Dann reden diese fünf Jungs und sagen: »Die Tour morgen, die nehmen wir im Handumdrehen. Das geht so schnell mit dieser Tour, das ist – wie der Österreicher so schön sagt – »a gmahte Wiesn«, »eine gemähte Wiese«, die ist schon abgemäht, da braucht man nur noch hinaufzuspazieren, das machen wir im Handumdrehen. Die Tour, die gehört uns schon, und das Wetter ist schön, da fehlt gar nichts.« Die lustvollen Reden und die Realität mögen aber wohl doch nicht immer identisch sein. Am nächsten Morgen geht der Bergsteiger hin mit seinem Rucksack und läßt den Schweiß auf der Wegstrecke. Er schaut die Wand hoch und sieht die Überhänge und die glatten Wandstellen, und er wird ab jenem Moment ganz langsam immer kleiner, weil er dann doch sieht, daß dieser Berg in der Realität etwas mächtiger erscheint, als er ihm am Abend zuvor im Überschwang der Gefühle erschienen ist. Dadurch wird wieder eine Realität deutlich. Und diese Realität, die mancher Berg vielleicht widerspiegelt und manchen Bergsteiger in dieser Welt auch wieder kleiner werden läßt, ist bezeichnend dafür, daß auch am Tage jenes Gesetz des Sterbens arbeitet, nur sehen wir am Tage dieses leise Hingehen zur Erde nicht. Wir sehen dieses Hingeben an den Boden der Realität, diese Kraft des Archai am Tage aber gerade dann, wenn wir etwas ganz Großes anschauen, etwas Fazinierendes anschauen, das uns deutlich macht, daß nicht unser projizierendes Selbstbewußtsein, unser Leben, so wie es ist aus dem vitalen Körperfühlen im Mittelpunkt der Schöpfung steht, sondern daß das wahre Selbst, die Realität des Unendlichen in einer viel größeren Dimension, in einer noch viel größeren Realität besteht. So wird das vital erregte Selbstbewußtsein wieder an die richtige Stelle gerückt.

Das Selbstbewußtsein sollte einmal das Bewußtsein werden von *ātman* oder *parātman*, einer Wirklichkeit, die nicht begrenzt ist nur auf den

Körper. Im Yoga sprechen wir davon, daß dieses Selbst nicht der Körper alleinig ist. Dieses Selbst ist nicht nur eine isolierte Einzelheit, sondern dieses Selbst ist das ganze Universum, es ist die Erde, es bildet die ganze Menschheit zusammen, es ist das alleinigende und alles einschließende Bewußtsein, das absolute Bewußtsein, das aber so geheimnisvoll ist, daß es immer ein Mysterium bleibt. Der Archai arbeitet in der Nacht und gibt immer wieder dieses Selbstbewußtsein an die richtige Stelle.

Eine noch weitere Beobachtung, die wohl jeder kennt, kann diesen Zusammenhang des Selbstbewußtseins weiterhin verdeutlichen. Je bescheidener jemand an eine Sache herangeht, je ehrfürchtiger er herangeht, desto leichter ist er zu einer Hingabe, zu einem Respekt und zu einer offenen Haltung fähig. Das bescheidene, scheue Hingehen und Hingeben zu einer Sache führt in der Regel auch zu einem besseren Zustrom des Erfolges. Wenn aber jemand etwas im Eifer der Emotionen machen will, dann wird er meistens früher oder später durch diesen geheimnisvollen Sterbeprozeß, der in den dunklen Schichten der Gefühle stattfindet oder auch durchaus in Form von offensichtlichen Ängsten eintreten kann, der anderen Wirklichkeit belehrt. Und so wird das Leben beschnitten und an die Erde hingegeben. Es ist eine Wahrheit im Leben, daß die ganze Menschheit jede Nacht zu einem gewissen Grad stirbt. Wir sterben um unseres ewigen Daseins willen. Wir sterben, damit wir nicht nur ein Bürger dieser Welt sind und damit wir uns nicht machtvoll in der Weltlichkeit erheben.

Ein recht praktischer Hintergrund, der für die Medizin eine wichtige Bedeutung einmal einnehmen wird, kann hier nur eine erste Andeutung erhalten: Wir können diesen Archai durch verschiedene Verrichtungen im Leben auch am Eingreifen hindern in der Nacht. Der Archai wird immer in der Nacht anwesend sein, aber er wird vielleicht nicht in dem erwähnten Sinne an uns herankommen können und uns dadurch nicht in die richtige Einordnung des Selbstbewußtseins führen. Es ist bei manchen schweren Krankheiten der Fall, daß dieser Loslöseprozeß nicht richtig stattfindet und dadurch ein gesteigerter Lebensprozeß eintreten kann, ein Lebensprozeß, der sich dann in einem degenerativen Zellwachstum zum Beispiel ausdrückt. Dies ist aber hier nur eine Andeutung und wird einmal zu späterer Zeit eine genauere Erörterung erhalten.

Ein häufiges Beispiel, das in den letzten zwei Jahren in steigendem Maße sichtbar wird, ist, daß je mehr wir gewisse Inhalte oder gewisse Dinge im Leben benützen dürfen und auch benützen, die wir normalerweise nicht benützen und die wir nicht besitzen sollen, um so leichter können wir diesen sogenannten Sterbeprozeß in der Nacht abschirmen. Das heißt, normalerweise tritt in der Nacht der Archai an uns heran und sagt zu uns: »Nein, da müssen wir eine Differenzierung treffen, weil das noch nicht der Reinheit eines wirklichen Bewußtseins, eines wirklichen seelischen Werdens entspricht.« Und so werden wir in der Nacht unseres Zu-stark-Erdewerdens, Zu-stark-Weltwerdens wieder beraubt. Am nächsten Tag stehen wir auf und fühlen uns vielleicht eher gepeinigt oder etwas leer, oder wir fühlen uns zumindest wieder etwas verlassener, wir fühlen uns nicht so gestärkt. Wenn die Religion benützt wird, wenn der Yoga benützt wird, wenn alles, was mit Spiritualität zusammenhängt zum eigenen Wohlergehen und zum sterblichen Sinn benützt wird, dann geht eine geheimnisvolle Macht in der Nacht auf, die sich zwischen den Sterbeprozeß und den Seelenprozeß stellt. Und somit entsteht ein unglaublich materialistischer Vorgang. Das heißt, immer dann, wenn Religion benützt wird, immer dann, wenn wir beispielsweise einen Menschen für uns benützen, damit es uns für unser Leben besser geht, oder wenn wir Christus, das Evangelium, den Yoga oder irgendeine Schrift für uns selbst benützen und uns damit eine Stärke in der Welt zurechtrichten, schaffen wir es, daß der Loslöseprozeß des Selbstbewußtseins nicht eintritt und wir somit aber zu etwas werden, das wir nicht werden dürften. Wir werden damit zu einer Macht in der Sinnlichkeit, zu einem machtvollen Bürger dieser Erde. Das sehen wir heute als die größte Versuchung, und dies, ich möchte sagen, auf allen religiösen Wegen, gleich wo wir den Blick hinwenden. Ob wir auf das Christentum schauen, ob wir auf den Yoga hinblicken, ob wir auf eine östliche, auf eine westliche Richtung hinblicken: Wir sehen heute etwas, das wir aus einer Versuchung heraus praktizieren: wir nehmen Religion, anstatt uns zur Religion in Beziehung zu bringen oder uns eine Anschauung über den Geist, über das Leben, über die Verhältnisse des Lebens zu entwickeln. Wir schaffen uns keine Erkenntnis, sondern konsumieren die Religion oder das entsprechende spirituelle Gut, das wir irgendwo erhalten können, und das führt zu einer Art verheerender Versuchung, die den Menschen nicht schöner werden läßt auf dem Weg seiner Entwicklung, sondern die ihn – verzeihen Sie bitte den Ausdruck – tierischer macht. Das egoistisch machtvolle religiöse Ergreifen hat man immer so bezeichnet, beispielsweise in der Apokalypse nach Johannes oder auch in den verschiedenen Einweihungsschulen. Der Mensch wird durch das Ergreifen und vitale Besitzen der Religion nicht Mensch, sondern er geht in ein sinnliches Leben über und wird ein Opfer des »Tieres«. Das ist die apokalyptische Bedeutung des Symbols des Tieres. Deshalb, ich sage das jetzt nicht moralisierend, sondern spreche dies einfach zur Unterscheidung und Erkenntnisbildung an: Religion sollte nicht benützt werden für den eigenen Vorteil, sondern Religion sollte zu einer Anschauung, zu größerer innerer Weite, zu einem inneren Bewußtsein führen, sie sollte das Individuum eigentlich im wahren Sinne in die rechte, wirkliche Einordnung weisen und somit zu einer Hinneigung zur Erde führen. Sie sollte das Menschengeschlecht nicht zu einer sinnlichen Macht hinführen und die Gefühle nicht zu größerem Besitztum verleiten. Denn wie sollen wir Christus besitzen? Jenes, das nicht von dieser Erde ist und doch in der Erde als eine Gabe lebt, kann niemand zu seinem Besitztum machen. Das unendliche Gefühl und Gewissen kann sich nur eine Anschauung, einen frohen Sinn für jenes sakrale Geheimnis aneignen. Wenn wir uns einen frohen Sinn für den Namen aneignen, wird dieser Name uns zu einem edleren, schöneren Aussehen führen.

Ein letztes Beispiel über den Schlaf will ich noch herausgreifen. Bisher habe ich geschildert, wie der Mensch in drei verschiedene Räume hineintritt. Der erste Raum ist der Raum, der wie eine Bildewerkstatt von Gedanken und von Eindrücken entsteht, ein Raum mit einem Engel, der uns das Bewußtsein über eine Sache vermittelt und uns mehr zur Wahrheit hinrückt. Ein zweiter Bereich ist mehr das Innere des Lichtes selbst, wo uns der Erzengel führt und genau zu jenen Begebenheiten weist, wo wir hingehen müssen, um der Entwicklung willen, und wo uns der Erzengel auch kräftig sein sensibles Gewand überträgt, das uns zur inneren Schicksalsfügung wird. Und ein dritter Bereich des Archai-Wirkens ist es in der Nacht, wo wir auf die Waagschale gerückt werden und das Selbstbewußtsein entsprechend in die richtige Ordnung kommt und die Handlung in die weltenkosmische Einordnung gebracht wird.

Das letzte Beispiel ist gerade interessant im Hinblick auf manche Erzählungen, die in den Überlieferungen entstanden sind von östlichen Mystikern, von Yogins, die in unseren westlichen Kreisen sehr großes Aufsehen erregt haben. Es gibt ja sogenannte Yogins, die nicht schlafen müssen, und mancher, der so acht Stunden Schlaf benötigt und daran arbeitet, daß er weniger Schlaf braucht, mag da schon sehr enttäuscht sein und sich sagen: »Scheinbar ist die Entwicklung noch nicht so fortschrittlich, wenn es Yogins gibt, die Tag und Nacht wachen und niemals Schlaf brauchen. Scheinbar ist die Entwicklung noch nicht so perfekt, wenn immer noch acht Stunden der Ruhe benötigt werden.«

Worin liegt das Geheimnis und die Wahrheit? Warum brauchen wir den Schlaf? Den Schlaf brauchen wir aus durchaus verschiedenen Gründen. Es gibt auch jetzt noch Menschen, die keinen Schlaf brauchen, und es ist dies nicht von schlechter oder guter Prognose, sondern es ist dies eben eine gewisse Eigenart der Entwicklung. Aber im gewöhnlichen Sinne brauchen wir den Schlaf. Der Yoga hat in der *Bhagavad Gītā* auch einen Satz geprägt, der heißt: »Was für alle Wesen Nacht ist, ist für den Selbstbeherrschten der Tag, und was für alle Wesen der Tag ist, ist für den Weisen die Nacht.« Vielleicht hat jemand unter Ihnen noch nie einen Sanskritvers aus der *Bhagavad Gītā* gehört; ich will diesen Vers jetzt rezitieren: *yā niśā sarva-bhūtānām tasyām jāgarti saṁyamī yasyāṁ jāgrati bhūtāni sā niśā paśyato muneḥ.* (*Bhagavad Gītā, II, 69*) Die Verse haben alle eine rhythmische Zuordnung. Die *Bhagavad Gītā* ist ein Lied des geistigen Gesetzes. Es war einmal so, daß die Menschen nicht in den Tiefschlaf hinabsanken. Es ist für den, der in einer gewissen Art Zuordnung zur Welt steht, der Schlaf nicht nötig – und das war damals der Mensch in der *Bhagavad Gītā*, und diese Schilderung reicht jetzt 5000 Jahre zurück. Der Mensch war damals anders zugeordnet, und er hatte ein Bewußtsein, das nicht konkret wachsam war für den Tag. Er hatte also keine konkrete Anschauung von dem Tag. Wenn das damalige Auge einen Menschen so betrachtet hätte, wie wir ihn heute betrachtet haben, dann hätte es gar keine rechte Beziehung dazu aufgebaut. Es hätte nur ein mehr oder weniger nebuloses Gebilde gesehen, das es mehr gefühlsmäßig aufgenommen hätte, aber nicht konkret im Sinne einer gedanklich erwogenen Differenzierung. Und da der Mensch damals nicht so konkret in der Welt war, war er auch nicht verausgabt in der Welt. Und in der Nacht dann, wenn die schweigsamen Stunden anbrachen, war er auch nicht in der Notwendigkeit des Schlafes, sondern konnte hineinschauen in die Welt der sogenannten *deva* oder, übersetzt, der Engel, denn *deva* ist der Begriff für einen Engel. Er konnte hineinschauen in diese Welt der anderen Wesen, und dies war für ihn der Tag. Das Hineinschauen in die Nacht und das Wahrnehmen der Engel waren für ihn die Realität, und das andere, das Hinblicken auf den Tag oder auf die Dunkelheit der *māyā* war für ihn die Nacht. Der Yogin in früheren Zeiten hatte auch solch ein Bewußtsein angestrebt, ein Bewußtsein, das dies empfand: Das ist *māyā*, die Welt, der Tag, und das ist nur ein Spiegelbild des Geistes. *māyā* heißt »Illusion« oder ein »Ich in der Welt«. Der indische Geist des Yoga aber sagte sich:»Du gehörst in diese andere Welt, denn das ist die Wirklichkeit, das verbindet dich mit *brahman* oder mit der Ewigkeit.« Und so war der Yoga in sehr frühen Zeiten immer mehr ein Rückzug hinweg von der konkreten Welt.

Wir sind heute in der Entwicklung aber in der konkreten Welt und müssen eine konkrete Beziehung zur Welt aufbauen, und deshalb müssen wir auch schlafen. Denn wir verausgaben unser Bewußtsein ständig in die Welt hinaus, und in der Nacht wird somit ein anderes Bewußtsein gefördert. Nun könnten wir sagen:»Das ist aber schon ein hart auferlegtes Schicksal, daß wir nicht mehr in diese paradiesische Welt hineingehen können.« Es ist ja so, daß so mancher, der vielleicht an einer bestimmten inneren Idealität des Lebens orientiert ist oder sich an einer Idealität des Lebens gerne erfreut, oft mit der Welt und vielen Dingen nicht einverstanden ist und deshalb leidet. Und es ist ja so, daß so mancher auch gerne diese Phase, wenn er aus dem Bett heraus muß, schon als arg bedrohlich erlebt, und er würde am liebsten den ganzen Tag schlafen, denn in der Nacht fühlt er noch in seinem letzten verbliebenen Erbe dieses selige, kindliche und eben nahezu engelhafte Dasein. Nun muß er aber in die Vertreibung, in den Tag hinein. Es kann tatsächlich für jemanden auch solch ein Fühlen geben, daß er in diese Tagphase hinein muß und diese Tagphase wie eine Illusion und wie ein Spiel der *māyā*, die doch nicht ganz wirklich ist, als Schicksalsweisung erlebt.

Es ist wahr, um diesen abschließenden Gedanken damit auch zu Ende zu führen, daß sich in unserem Leben eine Entwicklung herausarbeitet und sich in einem universalen Selbstbewußtsein, das Liebe und Geist ist, verbindet. Wir wollen nicht nur zurückgehen in jene Welten, von denen wir gekommen sind, sondern wir wollen ein Werk verrichten, wir wollen mit unserem Bewußtsein gewisse Möglichkeiten schaffen. Es ist ein Bedürfnis in jeder Seele, gleich wie moralisch oder unmoralisch sie lebt, wie unglücklich die Wege sich gestalten oder auch wie glücklich die Wege sich ebnen, es ist in jeder Seele ein Bedürfnis nach Liebe, nach einer Liebe, die auch Schöpferkraft ist, die gestaltende, aktive Kraft ist, die nicht nur Empfängnis darstellt, sondern die eine Synthese darstellt von beidem, Empfangen und Geben zugleich. Nur gehen die Wege eben unterschiedlich. Vielleicht macht jemand den Weg in ein für uns sehr entstelltes, sündhaftes Leben, das in unseren Augen wie ein Frevel erscheint, und ein anderer geht in ein sehr hohes Ideal hinein. Die Wege sind aber immer von einem innersten Keim einer Liebe getragen, und diese Liebe webt nicht in einem fernen Himmel, sondern arbeitet sich von innen her aus der geistigen Mitte der Materie aus. Der Christus ist in die Erde hineingegangen, und das ist das Mysterium des Todes. Nach dem Tode gehen wir mit unseren Taten in die Erde hinein, und in dieser Erde arbeitet sich schließlich dieses neue und andere Antlitz heraus.

Es heißt, wenn wir sterben, sind wir nicht verborgen in einer fernen Dimension, nur verborgen in dieser Region, die wir als den Himmel bezeichnen. Der Christus arbeitet sich in unserem Leben aus – man könnte dafür einen anderen Begriff auch einsetzen – *Śri Aurobindo* hat es bezeichnet als das »supramentale Bewußtsein« und hat damit den Christus gemeint, nur hat er dieses Mysterium apersonal bezeichnet. Es arbeitet sich aus der Erde etwas heraus, das schöpferische, einende Liebe ist. Auf vielen Wegen arbeitet sich diese Liebe heraus. Und so, wie wir in der Welt stehen, muß sich auch diese Liebe herausarbeiten. Wir schauen einen Menschen an – wenn wir uns an das Bild erinnern – und sehen das Antlitz des Menschen. Und wir sehen darin eine mehr oder weniger große Sympathie oder Antipathie, vielleicht sogar eine Faszination, diese oder jene Form und so weiter. Aber insgeheim bemerken wir, daß in jedem Menschen sich etwas herausarbeiten möchte, das ein Keim einer anderen Welt ist, und doch ist es ein Keim, der näher ist als das Nächste. Dieser Keim möchte sich herausarbeiten. Der Christus arbeitet sich heraus und schafft ganz langsam durch die vielen entstellten und sympathischen Formen sein eigenes Antlitz. Das findet im wesentlichen durch die Engelskräfte in der Nacht statt, die an unserer leiblichen Natur arbeiten. Aus diesem Grunde sehen wir in der Regel jeden Tag nach der Nachtphase doch um einen kleinen Grad wieder anders aus. Die Nacht ist eine sehr wichtige, paradiesische Zeit. Sie ist eine

Phase, die wir in diesem Sinne kennenlernen können oder schrittweise zumindest erahnen können, und wir können uns somit ein Bewußtsein aneignen, welche Dimensionen mit ihr verbunden sind. Die Nacht können wir auf diese Weise mehr heilig halten, heilig halten als eine ganz wichtige zugehörige kindliche Rückkehr zur Wahrheit. Wir können nur durch jenes Spannungsfeld von einmal In-der-Welt-Sein und dann wieder Außerhalb-der-Welt-Sein die wirkliche Synthese dieser einenden, innersten Schöpferkraft, die Liebe ist, hervorbringen. Wären wir nur außerhalb der Welt, wie es die alten Yogins gemacht haben, so würden wir nicht das wirkliche Mysterium der schöpferischen Liebe ganz erfüllen können. Wären wir aber nur innerhalb der Welt, so müßten wir wohl oder übel in dieser Welt auch verhärten, weil die Anforderungen des Tages uns mit der Zeit verschlingen würden. Die Nacht ist eine Phase, die ganz anders ist, die einen vollkommen anderen Raum eröffnet, aber die wir wohl immer unbewußt verbringen müssen. Auch jemand, der diese Geheimnisse anschaut in der Nacht, muß sie am Tage lernen anzuschauen, er kann nicht versuchen, in der Nacht immerfort zu wachen, er muß die Nacht auch zum Schlafen nehmen.

Nun hoffe ich, daß Sie einen Eindruck davon gewinnen konnten, daß die Nacht eine wichtige Phase unseres Lebens ist, daß gestaltende Kräfte in der Nacht wirken und diese Kräfte in der Nacht auch von der Art und Weise abhängen, wie wir uns am Tage in Beziehung bringen zur Welt.

Darf ich Ihnen noch eine ganz kurze Aufgabe stellen zum Mit-nach-Hause-Nehmen? Es ist mir bei den letzten Vorträgen so ergangen, daß ich Dinge gefragt werde, die eigentlich sehr klar ausgesprochen worden sind, aber die so schnell vergessen werden, daß sie sofort wieder als Frage entstehen. Es ist eine der guten, sinnvollen Bewußtseinsübungen, wenn Sie sich zumindest für zehn Minuten Zeit nehmen und solche Gedanken, wie sie jetzt hier ausgeführt worden sind, rekonstruieren lernen. Sie werden dann sehen, daß gar vieles, was Sie sonst nicht mehr weiter beachtet hätten, wieder erneut in das Bewußtsein rückt, und diese Gedanken schließlich zu einer besseren Eigenformung durchdringen. Den eigentlichen Charakter für Sie selbst bringt erst diese eigene Aktivität, die wieder geleistet wird im Entgegengehen und im Rekonstruieren beispielsweise, im eigenständigen Erfassen dieser Dinge. Erst dann entwickelt sich ein Bewußtsein. Wir sind heute leider gewohnt, daß wir bei der Information und beim Empfangen stehenbleiben und damit den Schritt nicht intensiv zur Eigenleistung machen. Deshalb, wenn ich Sie dazu ganz kurz auffordere: Vergessen Sie diese Inhalte möglichst nicht und rekonstruieren Sie vielleicht für zehn bis fünfzehn Minuten einmal als besinnliche Abendübung oder vielleicht als besinnliche Morgenübung noch einmal diese Gedanken. Das ist eine wunderschöne Übung, die diese Inhalte erst etwas mehr in die Nähe rückt.

Einfache mentale Übungen zur Förderung des Schlafes

Vortrag vom 7. Januar 1998 in Kufstein

Der dritte Teil über den Schlaf soll mehr praktische Inhalte aufzeigen und soll mehr von einer direkten Methode oder von den methodischen Möglichkeiten sprechen, die wir für unsere Entwicklung besitzen, um eine bessere und gesündere Qualität des Schlafes zu entwickeln.

Zuerst aber soll einmal ein mehr philosophischer Gedanke erzählt werden, damit wir noch einmal eine Vorstellung darüber bekommen, wie wichtig die Nachtphase in unserem Leben ist. Die Nachtphase ist eine geheimnisvolle Phase, ein rätselhafter Raum, den wir kaum mit meßbaren Methoden einschätzen können. In der Nacht walten ganz besondere Kräfte, die uns entweder mit einer Fülle von Energie aufladen oder die uns auch in einer gewissen Form Kräfte rauben können. Das sehen wir am Morgen, wenn wir erwachen. Dann kann es durchaus sein, daß wir erwachen und dabei ein Gefühl des Erschlagenseins haben, ein Gefühl, daß wir kaum aus dem Bett hochkommen und somit kaum ein Selbstbewußtsein für den Tag hervorbringen. Es ist aber auch das Gegenteil denkbar, daß wir mit Freude, mit Elan, mit Zuversicht aufstehen und voller Frische, voller Klarheit, voller Fülle den Tag beginnen. Dies hängt damit zusammen, daß in der Nacht diese geheimnisvollen Substantialitäten, die unsichtbar oder geistig arbeiten, wie eine Art göttlicher Regen, muß man sagen, aus dem Himmel herniederkommen auf uns und Entsprechendes in uns schaffen, in uns gewisse Keimatome zur Orientierung und zur Neuschaffung des Bewußtseins bringen. Dieses keimatomare Wirken in der Nacht kann deshalb mehr positiver und erbauender Natur sein, oder es kann mehr von negativer Art sein, so daß am Morgen entweder das Gefühl des Erschlagenseins oder des kraftvollen Erbautseins überwiegt. Es ist die Nacht deshalb eine sehr wichtige Phase. Wir kennen die Nacht von dem geistigen Hintergrund her sehr wenig. Auf diesen geistigen Hintergrund möchte ich heute aber nicht mehr weiter eingehen, sondern mehr auf die praktischen Möglichkeiten Bezug nehmen und von diesen praktischen Möglichkeiten eine allgemeine Therapie für den Schlaf aufzeigen und wie wir damit das Leben bereichern können.

In der Nacht arbeiten diese Kräfte von Engeln getragen, die zur Schöpferkraft unseres Wesens werden. Diese Kräfte sind gegenwärtig in unserer Zeit sehr eigenartiger Natur. Wir sehen heute, wenn wir auf eine sorgfältige, weite Weise auf unsere Zeit blicken, daß jetzt Verhältnisse vorherrschen, die die Qualität des Schlafes sehr beeinträchtigen und somit auch ein Erschöpftsein ganz allgemein in unser Menschsein bringen. Etwa neunzig Prozent der Menschheit ist erschöpft. Um vielleicht bloß eine Bemerkung zu den Berichten aus den Gesundheitsmagazinen zu machen: Es wird in den letzten zwei, drei Jahren der allgemeine Gesundheitszustand der Bevölkerung als dramatisch beschrieben, denn der Gesundheitszustand hat sich in den letzten Jahren statistisch gesehen drastisch verschlechtert. Das liegt nicht nur an einem Faktum, sondern das liegt an vielerlei Lebensbedingungen. Die Nacht aber nimmt in diesem Zusammenhang eine ganz wesentliche Rolle ein, denn mit der Nacht verknüpft sich ja wieder auf ganz entscheidende Weise das Tagesgeschehen. Das, was am Tage stattfindet, beginnt sich in der Nacht – nur auf eine ganz andere Weise, auf eine fast konträre Weise – widerzuspiegeln und sich in uns damit zu verarbeiten. Die Nachtphase beschreibt die andere Wirklichkeit, in der unsere Lebenskräfte wie ein offenes Gefäß brachliegen, und in dieses offene Gefäß der Lebenskräfte rieselt dasjenige herein, das aus den Himmeln oder aus anderen Welten – man kann verschiedene Begriffe dafür verwenden, aber ganz allgemein gesagt – aus jenseitigen, aus unsichtbaren oder übersinnlichen Welten herabkommt. Dieses fruchtbare Herunterrieseln hängt von dem ab, wie wir uns am Tage in Beziehung bringen zu unseren Mitmenschen, zur Natur, zur Schöpfung, zu allen Verhältnissen und Umständen des Lebens. Wir bringen uns derzeitig – und das ist doch recht offensichtlich – sehr schwer zu den hohen und höchsten Idealen des Menschseins in Beziehung, und dadurch entsteht eine entsprechende Wesenswirkung, eine Wirkung von mehr niedrigen Kräften, die auch die Qualität des Schlafes beeinträchtigen. Es kann nun sein, daß wir durchaus zehn Stunden schlafen pro Nacht, wenn wir sehr, sehr viel schlafen, und doch kann diese Qualität des Durchschlafens so beeinträchtigt sein, daß sich die Erschöpfung im Nervensystem und im Vegetativum nicht recht aufholen läßt. Die Kultur ist gegenwärtig an einer Art Weltenkrise angelangt, und diese Weltenkrise zeigt sich daran, daß die alten Ideale in die Brüche gehen und noch keine neuen Ideale richtig stabilisiert sind oder auch noch nicht richtig in einer Vision erdacht sind. Es sind mehr Ideen, mehr Ausflüchte und Versuche, die heute auf den Gebieten der Religion, Politik, Wirtschaft, des ganzen Sozialwesens, auf dem großen Gebiet der Medizin und vielen anderen Gebieten gemacht werden. Unsere Kultur steht derzeitig an einem Wendepunkt, wo das Alte vergeht, die Traditionen vergehen – das sehen wir an der Kirche zum Beispiel – aber das Neue noch nicht gefunden ist, es noch nicht stabilisiert, noch nicht richtig erschaut ist. Und so stehen wir praktisch gesehen in einer Art Leere, in Sanskrit wird sie als *śūnya* bezeichnet, und diese Leere in unserem Dasein spiegelt sich in der gesamten Atmosphäre wider. Und so wirken gegenwärtig – und das ist im vergangenen Jahr ganz besonders deutlich sichtbar gewesen und wird gesteigert auch dieses und nächstes Jahr anhalten – diese mehr auszehrenden Kräfte, und der Zufluß von einer erbauenden Substantialität bleibt auf sehr breiten Ebenen verwehrt. Dies braucht uns aber nicht unbedingt zu erschrecken, denn jede Entwicklung verläuft in solchen eigentümlichen und rätselhaften Stufen, und sie erfordert dadurch vom Menschen tatsächlich eine ganz andere Art von Willensleistung, die er unter gewöhnlichen Verhältnissen nur ganz schwer aufbringt.

Wir sprechen, um diesen Begriff vielleicht gleich am Anfang zu klären, vom Glauben. Der entwickelte Glaube soll nach dem bekannten Sprichwort durchaus Berge versetzen können, denn der Glaube ist jenes mentale Vermögen, das mit seinem ihm eigenen Wissensmut den Menschen über die verschiedenen Krisenzustände und über die Abgründe des Krankseins hinüberführt. Wenn der Glaube stark ist, kann das Leben leichter bewältigt werden. Aber was ist der Glaube? Der Glaube ist sicher nicht auf ein Bekenntnis innerhalb einer ausschließlichen Konfession begründet. Der Glaube ist sicherlich nicht nur eine Art Hinwendung zu einer ergreifenden Sache, die damit festgehalten wird und mehr benützt wird. Der Glaube ist eine sehr tiefe individuelle Angelegenheit, die tatsächlich zu einer Herausforderung des ganzen Lebens wird. Dann, wenn das Alte vergeht und das Neue noch nicht angekommen ist oder, sagen wir so, wenn die Lebensmöglichkeiten leer sind, wenn das Schicksalsgefüge keine rechte Perspektive bringt und die Seele um Wahrheit ringen muß, um Berechtigung innerhalb der Daseinsbedingungen ringen muß, um so mehr wächst damit diese innerste Substantialität, die Fähigkeit einer größeren, überdimensionalen Willensstärke, die erst zum Glauben wird. Glaube ist deshalb meist am wenigsten in vorgefaßten Bekenntnissen zu finden, sondern Glaube wird zu jener Fähigkeit, bei der die Entwicklung in ihrer individuellen mentalen Führung und sogar Meisterschaft über die sterblichen und abhängigen Daseinsbedingungen ihren vortrefflichen Weg nimmt. Der Glaube wird erzogen in dem menschlichen, weltlichen und geistlichen Dasein. Dieser Glaube ist auch etwas sehr Entscheidendes, denn wenn ich jetzt auf praktische Punkte übergehe, so haben sie indirekt etwas mit dem Wesen des Glaubens und damit letzten Endes mit dem Wesen der Seele zu tun, denn Glaube und Kraft in der Seele sind in diesem Sinne das gleiche. Die Seele wird stärker, wenn sie im Willen herausgefordert wird, über bestimmte Abgründe der Entwicklung hinübergehen kann und somit stabiler das ganze personale Wesen leitet und begleitet.

Ein erster Punkt für die praktische Entwicklung einer besseren Gedankenführung und Gedankenbereitschaft, damit die Schlafqualität gefördert wird und die Erschöpfungsphasen nicht so überhandnehmen, ist nun jener: Wenn wir uns den Tag vorstellen, ganz einfach den Tag, wie er mit dem Aufwachen beginnt und wie er über den Vormittag und über die Phasen des Mittags, des Nachmittags bis hin zum Abend sich langsam entwickelt, dann stellen wir vielleicht mit einiger sorgfältiger Betrachtung fest, daß wir manchmal schon eine ganz beträchtlich lange Zeit benötigen, bis wir aufwachen. Am Morgen ist man am sorglichsten, hat Goethe schon gesagt, man ist am empfindlichsten, aber normalerweise auch am klarsten. Das ist aber nicht immer der Fall, denn am Morgen ist man oftmals, wenn man nicht richtig ausgeruht ist, auch am verträumtesten. Der Morgen kann tatsächlich zu jener Beeinträchtigung führen, daß wir gar nicht aufwachen. Und es ist eine tiefe Wahrheit – um es ganz kurz zu sagen – daß der ganze psychische, sinnenfreudige und mentalbegabte Mensch aufwachen muß, damit er schlafen kann. Denn wenn die Sinne nicht ganz wach werden am Tage, dann kann der Leib abends auch nicht richtig zur Ruhe finden. Die mentalen und inneren Glieder sind unzufrieden, oder über den Leib erfühlt sich eine gewisse Angst. Diese Angst fühlt das Bewußtsein vielleicht mehr bewußt und offensichtlich, oder das Herz fühlt sie nur so ganz insgeheim im Verborgenen.

Das Wachwerden ist aber ein bedenkenswerter Begriff, den ich noch mehr charakterisieren möchte, damit er besser verstanden wird. Wann ist das sinnengeprägte Leben wach, und wann ist es mehr träumerisch? Wann ist das im Same des Gedankens wurzelnde Bewußtsein mehr noch in eine schläfrige, verschleiernde Hülle gekleidet, und wann ist es wirklich wach? Hierzu ist es wichtig, unser Dasein noch etwas klarer zu betrachten. Wir werden im Leben in der Regel nur dann wach, wenn wir eine Nähe zur Materie, zur Schöpfung und somit auch zur Realität, sowohl zur physischen wie auch zu der verborgenen in der Physis lebenden geistigen Welt herstellen. Die Wachheit ist darin begründet, daß eine tatsächliche gedankliche Bewußtheit in ein Wachsen kommt und die individuelle Mentalität im Samenprozeß des Gedankens eine tiefere Verbindung zur Schöpfung gewinnt, eine Nähe zur Schöpfung erobert und sich in ihrem Zentrum selbst auf dem langen, mühseligen Weg der Entwicklung mehr in die Richtung einer bleibenden Realität bewegt. Diese Wachheit ist in unserer Zeit tatsächlich durch vielerlei unterschiedliche Verhältnisse beeinträchtigt. Je ideologisierender, je ausschweifender und sinnlicher sich die Mentalität im Leben verhält, je mehr die Wunschseele rein nach den Begierdemustern arbeitet, je mehr sie nur den Erfolg für sich selbst ergreift, um so weniger werden wir für diese Welt und für die Schöpfung wach. Dieses Wachwerden wird somit wieder zu einer Schwierigkeit, denn am Abend entsteht die wohlbekannte Problematik, daß wir damit ein Gefühl des Unzufriedenseins spüren und somit der Leib mit diesem Gefühl nicht so recht in diese Ruhe der Nacht hinübersinken will. Die Nacht ist wahrhaftig – Rudolf Steiner hat sie so bezeichnet in seiner Anthroposophie – ein jüngerer Bruder des Todes oder, anders ausgedrückt, sie ist eine Phase, in der das Leben für die Welt bewußtlos, aber für die geistige Einströmung offen ist und das Bewußtsein sich somit mehr in einem Jenseitigen als in einem Diesseitigen befindet. In der Nacht ist das Bewußtsein tatsächlich mehr in der übersinnlichen Welt, und die Leiblichkeit ist nur physisch noch anwesend in der direkten gegebenen Wirklichkeit im Diesseitigen. Deshalb ist es wichtig, daß wir als Grundmethode verstehen sollten: Je besser wir einen Bezug zur Realität oder zur Wirklichkeit oder zu dem finden, was die innerste Natur der Schöpfung darstellt, um so günstiger ist es auch für die Qualität des Schlafes und auch für die gesamte Entwicklung, die im verborgenen Wert dieser jenseitigen Phasen der Nacht stattfindet.

Hier können wir von einem Begriff sprechen, der vielleicht für jemanden, der zum ersten Mal hier zuhört, eine kurze Erörterung erfordert.

Wir können von dem Begriff der Inkarnation sprechen und damit auch von seinem Gegenteil, der Exkarnation. Je mehr wir am Tage inkarnieren, desto leichter ist es auch, am Abend zu exkarnieren, das heißt, das Bewußtsein verläßt wieder den Körper. Am Morgen soll das Bewußtsein tief hineintauchen in die Körperlichkeit. Mit dem Nervensystem als Träger geht das Bewußtsein aus der übersinnlichen Welt hinein, und es entsteht ein Bewußtsein, das den Körper ergreift. Am Abend verläßt das Bewußtsein vielleicht mit einigen Zuckungen – und Zuckungen sind für das Herausgehen des Bewußtseins charakteristisch – wieder den körperlichen Träger, und somit bleibt der Körper mit seinen Lebenskräften zurück, er ruht, und das Bewußtsein wird sich einer anderen Region gewahr. Dieses Inkarnieren am Morgen und Exkarnieren am Abend sollte in einem Gleichgewicht stehen, es sollte harmonisch vonstatten gehen. Es kann aber sein, um hier Beispiele jetzt nach und nach zu charakterisieren, daß das Bewußtsein am Tage gar nicht richtig inkarniert, also das Bewußtsein gar nicht richtig die Verbindung mit seinem physischen Körper findet und so mehr träumend durch das Leben marschiert oder mit einer großen Erwartungshaltung sich über die Stunden hinwegbewegt. Es kann sein, daß wir verschiedene Stationen des Lebens versuchsweise ergreifen wollen, aber nichts zu Ende führen und somit auch in eine mehr oder weniger große Unzufriedenheit kommen, uns nicht richtig verbinden können mit dem Tag, mit dem Leben, mit unseren Arbeiten, und am Abend schließlich auch das Problem einer heimlich aufkommenden Angst haben und somit nicht mehr richtig harmonisch wieder zurückgehen in diese Phase der Nacht, in diese mehr jenseitige Phase, die uns ja in der Regel unbekannt bleibt. Es sind nur die Träume, die aus dieser jenseitigen Welt noch heraufklingen, aber die in vielen Formen verkleidet sind. Die Träume sind mehr vom Gefühl her ausschlaggebend, weniger von den Symbolen, die darin ihre Gestaltung finden. Die Träume sind aber nur eine letzte Auswirkung von dem eigentlichen übersinnlichen Geschehen, das in der Nacht stattfindet.

Nehmen wir einmal an, wir inkarnieren uns tief, wir haben ein beachtliches Ziel vor Augen am Morgen, gehen hinein in den Tag und unternehmen eine große Bergtour. Am Abend werden wir dann in der Regel ruhig schlafen, fest in die Narkose der Nacht hineinsinken. Die Müdigkeit ist aufgrund der körperlichen Betätigung etwas ganz Natürliches. Die Müdigkeit ist nach körperlicher Aktivität fast immer günstiger als nach mentaler Beschäftigung. Am schlechtesten schlafen wir, wenn wir sehr viel mental zu tun haben und vor allem, wenn unser Tag zersplittert ist. Wir haben die Schwierigkeit am Abend, einmal mit dem Zur-Ruhe-Kommen, und des weiteren haben wir die Schwierigkeit, die sich meist mehr in einem lauen Gefühl zeigt, daß wir nicht so richtig verbunden sind mit der Welt. Wir sind nicht richtig inkarniert, und so können wir auch nicht exkarnieren, das heißt, nicht wieder mit dem Bewußtsein harmonisch aus dem Körper gleiten, und somit entwickelt sich eine entsprechende Spannung, die sich fortsetzt hinein in die Nacht.

Es kann als eine erste und einfache Definition hier angefügt werden: Wenn der Bürger durchschnittlich zehn Stunden mental gearbeitet hat, dann will er doch am Abend sicherlich einmal kräftig Sport treiben. Der Abend mag damit runder und zufriedener zu Ende gehen, das mag vielleicht sein. Es wird keine Methode geben, die ich hier ausschließlich ansagen könnte, aber es ist nicht die günstigste Methode, wenn der eigentlich mehr ausgezehrte Leib dann am Abend die ganze Aktivität körperlicherseits beginnt. Am Morgen ist es mehr der Stoffwechsel, der aufgebaut werden soll, wie auch die Substantialität und Eiweißbildung sich am Morgen mehr aufbaut. Am Abend dagegen erbaut sich mehr die ruhige Zeit, die Speicherfunktionen treten ein, und es ist der Abend mehr die kontemplative Phase. Am Abend sollte der erschöpfte Leib nicht mehr zu überaktiv werden. Der sich neigende Tag ist nicht mehr die Zeit, wo große Aktionen beginnen sollten. Der Abend ist eine Zeit der Kontemplation. Deshalb eignen sich für den Abend, wenn das Nervensystem müde und erschöpft ist, nicht harte, vitale Übungen, sondern mehr kontemplative Übungen. Es kann natürlich sein, daß ein Büroarbeiter, ein Manager oder Beamter den ganzen Tag über schon mit der Mentalität und vielleicht mit gewissen Gefühlskräften verausgabt war und daß die körperliche Aktivität ein guter Spannungsausgleich hierfür wäre. Das mag sein, und es spricht auch nicht alles dagegen, daß hier noch einmal einige körperliche Aktivitäten begonnen werden. Es ist aber eine der günstigsten Methoden, wenn wir am Abend eine ruhige Betrachtung praktizieren können von irgendeiner erbauenden Sache und diese Betrachtung einige Zeit halten lernen. Hierfür müssen wir Geduld und Ausdauer entwickeln. Wenn wir die Betrachtung einer Sache – sei es ein Textabschnitt, sei es eine Beobachtung der Natur oder eine Erinnerung – wenn wir die Art der Kontemplation und Betrachtung lernen auf mehrere Minuten auszudehnen, etwa auf fünf, zehn, vielleicht sogar einmal fünfzehn Minuten, dann werden wir bemerken, daß sich durch diese Ausdauer und das Länger-bei-der-Sache-Bleiben das Leib-Seele-Verhältnis oder Leib-Bewußtseins-Verhältnis stabilisiert, die nervöse Auszehrung in eine tatsächliche, angenehme Ruhe übergeht und sich ein erster, ganz leiser Atem und Zustrom von mehr Substantialität ergibt. Eine ruhige, ausdauernde Kontemplation auf eine Sache ausgerichtet ist für den Abend eine sehr wesentliche und hilfreiche Begleitung.

Bei dieser ruhigen Ausdauer innerhalb einer Übung wird so mancher feststellen, daß er gar nicht mehr die Kraft aufbringt, länger bei einer Sache zu bleiben, und daß er unendlich müde ist. Dieses Phänomen zeigt sich in der Realität eigentlich ganz häufig. Erst wenn man wirklich einigermaßen produktiv und beschaulich an einer Sache bleibt, so bemerkt man die Müdigkeit, die man den Tag über gehabt hat, und nur durch Aktionen, Sensationen und Geschäftigkeit in alle verschiedenen, phantastischen Richtungen übertönt hat. Es wird einem plötzlich diese Müdigkeit bewußt, und mit der eintretenden Neuordnung wird man damit besser in die Nachtruhe hineinfinden. Wir Menschen sind tatsächlich heute müde geworden. Wir sind an einer Stufe der mehr oder weniger sichtbaren Erschöpfung angelangt, und wenn wir dann eine wirkliche bewußtseinsorientierte Aktivität in einer konzentrierten Ausrichtung beginnen wollen, bemerken wir erst die ziehende Müdigkeit, die nervliche Erschöpfung und die bis in die Zellen gehende Auszehrung. Diese besinnliche Einsicht, die durch gewisse kontemplative, beschauliche und sanft konzentrierte Übungen gewonnen wird, ist sehr hilfreich.

Ein ganz anderer Gedanke soll hier anschließen. Es ist vielleicht von der Vorstellung ausgehend etwas ganz Selbstverständliches, daß man mit einem Autoschlüssel – um es ganz einfach und lebensnah zu sagen – nicht eine Haustüre aufsperren kann. Und mit dem Haustürschlüssel kann man wahrscheinlich nicht ein Auto aufsperren, denn der Schlüssel muß zum Schloß passen. Dieser Schlüssel, der zum Schloß passen muß, öffnet die verborgene Türe. Diejenige Seele, die im ergreifenden Begehren gegründet ist und die wohl die meiste Zeit das Dasein bestimmt, ist im Leben immer in einer gewissen Wunschwelt und Wunschsehnsucht begriffen und will eine verborgene Türe öffnen. Die Wunschseele will aus diesem zugreifenden Begehren doch ein Geheimnis finden, sie will zumindest einen Erfolg finden, oder sie will in irgendeiner Weise etwas weiter in die Wahrheiten und Begebenheiten des Daseins hineinschauen. Jetzt ist es aber so, daß die Wunschseele tatsächlich – natürlich in dem ganzen Tumult des Lebens, wie es ja so ist – mit dem Autoschlüssel die Haustüre aufsperren will und die Autotüre mit dem Hausschlüssel. Das ist ganz besonders der Fall, wenn die Persönlichkeit in einer Krise ist, in einer psychischen Krise, und die Identität vielleicht gefährdet ist. In einer Krise will das Verlangen im Eifer der Sorge mit allen nur erdenklichen Schlüsseln genau die verkehrte Türe aufsperren. Das scheint auch die Domäne der Krise zu sein, daß die Krise oder der psychische Konflikt Fangschlingen besitzt, einhüllende Mächte, Wesensmächte, die das wirkliche Selbstbewußtsein gefangennehmen an Leib und Seele und den Menschen somit nahezu zu jemandem machen, der wie ein Grubenarbeiter ist, der immer in die gleiche Grube hineingräbt. In der Krise bildet sich das Denken geradewegs immer die verkehrten Gedanken und entwickelt somit eine Disharmonie. Wenn das Bewußtsein dann am Abend wieder in die Nachtruhe übergehen will, in den notwendigen kraftspendenden Schlaf hinübergleiten will, dann wird meistens diese Einschlafphase zur Beschwernis und vielleicht auch die Durchschlafzeit verkürzt oder gar unterbrochen. Deshalb müssen wir nach dem richtigen Schlüssel zum richtigen Schloß suchen. Das ist ein umfangreiches Thema, ein Thema, das von vielen Seiten, von der Psychologie, Psychoanalyse, durchaus von der Religion und auch von verschiedenen anderen Gebieten aus beleuchtet werden kann. Es kann hier nur von einem Standpunkt eine Andeutung erhalten.

Diesen richtigen Schlüssel zum Schloß finden, bedeutet zu lernen, die Gedanken einmal in die rechte, gewünschte Richtung oder in eine objektive Richtung zu führen. Dies ist eine Elementarstufe des Yoga. In der Konfliktsituation herrscht in der Regel immer ein mehr oder weniger deutlicher subjektiver Zustand vor. Dieser subjektive Zustand ist leicht ersichtlich, wenn wir uns das Bild des Konfliktes vorstellen. Das Gemüt ist beladen mit Sorgen, es ist beladen mit Ängsten, und der Verstand will natürlich eine Lösung für die Ängste finden. Die ganz natürliche Reaktion des psychischen Wesens muß eigentlich demzufolge sein, daß es die erregte Stimmung, die Ängste, die Sorgen und die Objekte, die mit diesen Ängsten und Sorgen verbunden sind, nicht loslassen kann. Die eigene Mentalität wird innerhalb ihres eigenen Schleiers gar nicht auf die Idee kommen, daß sie an diese Sorgen gar nicht denken soll und wird sich vermutlich in diesen ständigen Fangkreis hineinbinden. Die Sorge ist ein Wesen, das die Gedankenbildung fesselt und uns festhält. Es gibt verschiedene Methoden, die auf psychologische Weise umgehen mit diesem Problem. Eine Methode, die etwa summarisch zu dem Gesamten in Beziehung zu bringen ist, will ich einmal ganz kurz hier darstellen.

Schwer ist es, daß das beladene Bewußtsein nicht an die Sorge und nicht an seine festgehaltenen Objekte der Sorge denkt. Schwer ist es, diesen Kreis des Denkens zu verlassen. Es gibt Methoden, mit denen das Bewußtsein trainiert wird, beispielsweise auf seine eigenen Aktionen zu blicken, so, als ob es selbst ein Fremder wäre, so, wie der Zeuge auf einen Tatbestand schaut. Dieser gelassene und heitere Blick kann eine Methode sein, wie das ganze Geschick oder Mißgeschick bewältigt werden kann. Der so sich Übende muß jedenfalls ein freies Bewußtsein gegenüber sich selbst entwickeln lernen und seine Gedanken in eine andere Richtung lenken. Praktisch gesehen sieht das so aus, um ein ganz konkretes Beispiel zu nennen: Nehmen wir einmal an, wir sind in einer bestimmten Konfliktsituation, und wir stellen uns diese Konfliktsituation, die uns so eigentümlich ist, vor. Wir denken den Tag über vielleicht von fünfzehn Stunden etwa acht, zehn oder zwölf Stunden an den Konflikt, weil wir den Konflikt lösen wollen. Die restliche Zeit verbringen wir vielleicht ungeschickterweise noch mit mentalen Ablenkungsmanövern. Für den Heilungsprozeß ist ein disziplinierter und mühevoller Schritt zur Gedankenkontrolle und Gedankenlenkung notwendig. Fünfzig Mal werden wir vielleicht Mißerfolg haben bei dieser Methode der Gedankenlenkung, aber vielleicht gelingt es uns beim einundfünfzigsten Male. Und wenn wir selbst nach fünfzig Mißerfolgen noch nicht aufgegeben haben, dann sind diese fünfzig Mißerfolge schon ein Schritt zu einem Erfolg, den wir anfangs meist nur noch nicht sehen. Die Wirkung der Übung zur Gedankenführung hängt nicht unbedingt nur vom Erfolg ab, sondern sie hängt von der aufrichtigen Bemühung und vom Verständnis zur Natur der Gedankenmöglichkeiten ab.

Im Verlauf des Lebens wird die Personalität nach dem Gesetz der geistigen Welt nicht diejenige, die sie, vom Leiblichen her gesehen, werden will. Sie wird innerhalb der Bestimmtheit einer größeren Weisheit, wenn das Leben aufrichtig betrachtet wird, doch eine ganz andere. Die vitale, meist noch sehr undifferenzierte Mentalität setzt sich Ziele und wird langsam gemäß dieser Ziele doch eine ganz andere Persönlichkeit hervorbringen, als sie sich das in Träumen je vorgestellt hat. Dieses mehr noch autonome Denken stellt sich den nächsten Tag vor, aber der nächste Tag wird in der Regel doch anders. Das Leben ist so, daß es nicht nach dem Wunschgebilde genau verläuft, wie diese Wünsche es sich in idealisierenden Träumen vorstellen. Es mögen Wünsche in Erfüllung gehen und Ziele realisiert werden, aber das Ergebnis wird von der Persönlichkeitsprägung doch ein anderes sein. Im seelisch-geistigen Leben herrscht ein Prinzip vor, das besagt: Mit jedem Tag stirbt die Personalität ein klein wenig, läßt Altes los und steht ein klein wenig am nächsten Tag wieder auf. Mit jedem Tag muß sie auch etwas, das aus ihrem bisherigen Erbe kommt, loslassen und somit ihre Abhängigkeiten oder ihre subjektiven Vorstellungen gemäß größerer Wahrheiten überwinden. Heute hat die vitale Bewußtheit eine Wahrheit errungen und glaubt, es wäre die letzte Wahrheit. Morgen sieht sie, daß diese Wahrheit zur Vergangenheit gehört und sie um eine neue Wahrheit wieder ringen muß.

Das Leben ist ein fortwährender Verwandlungsprozeß, ein Prozeß, der das Bewußtsein niemals in einer einmal gefundenen Wahrheit stillstehen läßt, sondern der die Gedankenbildung immer wieder herausfordert und sie in größere Dimensionen des Wahrnehmens, des Wissens, des Gewahrseins und letztlich des Glaubens und der Seele hineinrückt. Dieses Immer-wieder-Loslassen und Neubeginnen, das mit jedem Tag, ja, eigentlich bei genauer Betrachtung, mit jedem Augenblick sogar stattfindet, das immerwährend als Gesetz im Inneren lebt, muß sich der Übende des Yoga in seinen ersten Lektionen auch zunutze machen. Das Wesen des Konfliktes sagt ja nichts anderes zu dem Gemüte als jene Aufforderung: »So, wie die Dinge um dich gelagert sind, und so, wie deine Möglichkeiten sparsam gesät sind, so wirst du um einen Teil deines Wesens beschnitten, denn die Zeit für diese Situation ist längst gegeben. Du sollst deine Sorge, die dich täglich plagt, einem größeren Schicksal oder, religiös gesprochen, du sollst diesen Teil des Konfliktes Gott einmal ruhig überantworten und schauen, was daraus wird. Du sollst dich mehr um jenen goldenen Tautropfen kümmern, der dein

Neuwerden ist. Kümmere dich nicht immer um diese abgegriffenen und abgetretenen Konflikte, die ohnehin nicht mehr durch dich selbst lösbar sind. Tue das Notwendige, werde dir dem Wesen der Kausalität bewußt und kümmere dich um Gedanken, die für dich wieder erbauend werden.«

Kommen wir gleich wieder zu einem Beispiel hierzu: Das Denken kann sich um die Probleme kümmern, die es mit sich selbst hat, oder es kann aus weiser Entschlossenheit durch die Übung zur übergeordneten Gedankenbildung sagen: Was kann zu diesen Sorgen denn noch hinzugetan werden? Eine weise Intelligenz wird wohl doch einmal zu der Erkenntnis kommen: Das vitale Gemüt kann kräftezehrende Zeit an die Probleme hingeben, aber es kann letztlich die Sorgen dadurch nicht lösen. Hier ist die Gabe für das Leben eingeschränkt. Die Seelen- und Gemütskräfte können sich aber um die Entwicklung kümmern, um andere Gedanken. Stellen wir uns als Beispiel vor, wir sind ein Naturforscher, ein Forscher, der gerne in die Natur blickt, der die Pflanzen, die Naturschöpfungswesen betrachtet. Stellen wir uns vor, wir schauen uns gerne die Bäume an, und wir widmen uns zwei bis drei Stunden einer solchen Naturforschungsarbeit in unterschiedlicher Hinsicht, mental erwägend und empfindungsgemäß, und betrachten einmal wirklich längere Zeit aus Interesse die Bäume. Die Seelen- und Gemütskräfte lenken damit die Aufmerksamkeit nicht auf die Sorgen des Alltags, sondern entwickeln ein Gespür, welches Wesen der Baum ist, welch stille Sprache durch ihn spricht, ja, welche symbolhafte, sinnbildliche Bedeutung er für die Schöpfung besitzt. Wir werden vielleicht manche Mythen und Erzählungen über die Bäume entdecken, in verschiedenen Büchern Angaben über ihre Signatur finden und die Unterschiede feststellen, die die Bäume besitzen. Die Bäume sind nach einer geistigen Schöpfungslehre mit dem menschlichen Wesen in einer Art brüderlichen, hierarchischen Verbindung. Wir werden vielleicht daran erinnert, um diese Betrachtung fortzusetzen, daß das Holz etwas ist, das aus dem Baum als Gabe hervorkommt; und das Holz ist wieder Symbol für das Element der Erde; es macht die Bauten weicher, angenehmer, es macht das Wohnen auf der Erde irdischer oder wärmer. Das Holz ist eine Gabe des Baumes, aber der Baum hat noch viele Gaben mehr. Er spendet im Sommer Schatten, er bringt das Brennholz, dann bringt er die Luft zum Atmen, er ist eigentlich die wesentliche Lunge der Natur, und schließlich bringt er den Humus für den Boden. Der Baum hat eigentlich viele Gaben. Wenn wir eine Beziehung in irgendeiner Form erbauen, dann werden wir mit Sicherheit keine Sorge ernten, denn wir setzen uns mit empfindenden Betrachtungen, mit eindringlichen Beobachtungen, mit fragenden Forschungsarbeiten mehr auf objektive oder zumindest bemüht objektive Weise mit einer Naturschöpfung auseinander. Das hat die Folge, daß dasjenige Wesensglied des Geistes, wenn wir einigermaßen Interesse finden, auch viel klarer das Wesen des Baumes in sich aufnimmt. Denn dort, wohin das Bewußtsein seine Aufmerksamkeit am Tage lenkt, nimmt es auch die Kräfte auf. Richtet es die Aufmerksamkeit nur auf die Tretmühle der Sorgen, so kann es nur vermehrt diesen Kreislauf in seine eigenen Substanzen hineinziehen und in diesen Sorgen nur noch auswegsloser und hoffnungsloser werden. Nehmen die Sinne aber die Wesen aus der Naturschöpfung beispielsweise auf, dann wird die Personalität bereichert um ein neues Gewahrsein, und ein Bewußtsein erwacht. Das Bewußtsein erweitert sich, Empfindungen, Gedanken bilden sich heran. Deshalb muß der Übende lernen – um es ganz allgemein wieder anzusprechen – daß er, um einen Ausweg aus Konfliktsituationen zu finden, die Aufmerksamkeit nicht auf den Konflikt richtet, sondern auf Möglichkeiten, die der Entwicklung förderlich sind, oder zumindest auf objektive Forschungsarbeiten, getragen von einem möglichst großen Interesse. Dadurch fließt ihm in der Nacht das Wesen aus der Natur oder aus der Sache zu und prägt die Personalität mit einer neuen Einzigartigkeit.

Vielleicht ist es ganz interessant, den Gedanken über die Betrachtung der Bäume noch zu Ende auszuführen. Nehmen wir noch einmal an, wir widmen uns jeden Tag zwei Stunden einer Forschungsarbeit und gewinnen dadurch einen tieferen Sinn für das Wesen des Baumes. Wir stehen am nächsten Tag wieder auf, und am nächsten Tag ist uns dieses Wesen aus der Betrachtung des vorhergehenden Tages damit nähergerückt. Der Baum hat ein Wesen, und dieses Wesen wird uns vertrauter. Am nächsten Tag beim Aufstehen könnte jetzt, wenn man von einem hellseherischen Blick spricht, der hellsichtig Befähigte ganz deutlich sehen: Jener hat sich mit ganz bestimmten Dingen beschäftigt, denn nun leuchtet in seiner Umgebung auch eine bestimmte Substantialität. Es ist eine Substantialität, die nicht von ihm kommt, sie ist um ihn herum und begleitet ihn. Sie kommt nicht aus seinen Organen, sie kommt nicht aus seinen altgewohnten Denkmustern hervor, sondern sie kommt geheimnisvoll in seine Sphäre hinein. Derjenige, der sich sehr viel mit den Bäumen beschäftigt, nimmt das Wesen der Bäume auf. Geistig gesehen ist das Wesen des Baumes das Sinnbild für die hohe Tugendkraft der menschlichen Würde. Es ist diese Tugendkraft eines Ehrgefühls und auch einer inneren Haltung, einer Bemühung um Haltung und Vollkommenheit im Sinne des irdischen Lebens. Das sehen die Sinne bei eingehender Betrachtung. Wer sehr viel mit Holzarbeiten, mit Bäumen zu tun hat, der hat doch eine ruhiger geprägte Haltung oder Ausstrahlung als derjenige, der zum Beispiel dauernd mit Metall zu tun hat. Denn das Wesen des Metalles ist ganz anderer Natur als das Wesen des Baumes und Holzes. Dieses Wesen seiner Umgebung und seines Interesses nimmt der Mensch auf, er nimmt es in der Nacht näher zu sich, und am nächsten Tag strahlt nun dieses Wesen. So kann man auch therapeutisch im Sinne der Naturheilkunde gewisse Dinge schauen oder empfinden lernen und sie entsprechend nützen, denn das personale und selbstbewußte Wesen des Menschen nimmt dasjenige auf, was das Bewußtsein am Tage beobachtet.

Der geistig Strebende sollte natürlich Dinge beobachten, die in seiner Zielsetzung des Lebens liegen, in seinem wirklichen, idealen Interesse. Er sollte immer mehr den Mut aufbringen zu einem Verlassen des alten Sorgenpaketes und zu einem Hinschauen zu dem, was an Möglichkeiten des Lebens angeboten oder gegeben ist. Der Schlüssel wird damit besser zum Schloß passen. Der Schlüssel, der die Türe öffnen kann, wird sich in baldiger Zeit finden. Wir können diese Gedanken, die entsprechend im Sinne der seelischen Entwicklung oder, wenn wir vielleicht von einem anderen Begriff sprechen, des seelisch-geistigen Lebenssinnes oder Lebensauftrages liegen, weiter ausbilden und somit auch die entsprechend gewünschte Substantialität aufnehmen. Wir werden aus dem, was wir täglich anschauen, neu geboren. Diese Gedankenkontrolle hat in Bezug zur seelischen Entwicklung eine Bedeutung, und sie hat somit zu uns selbst und darüber hinaus auch eine Bedeutung für die Naturschöpfung. Sowohl das eigene Ich als auch die Umgebung und auch die Natur erhalten ein Licht aus dieser Bemühung. Dieser Schlüssel, der zum Schloß paßt, mag vielleicht schwer zu finden sein, und es mag schwer sein, in einer psychischen Krise die Gedanken beiseite zu legen und dem Leben diese Führung einer Gedankenentwicklung und Gedankenbildung zu geben. Aber wenn der nach Erfüllung Strebende auch fünfzig Mal Mißerfolg hat, so wird er durchaus beim einundfünfzigsten Mal Erfolg haben, und es wird sich auf diese Weise die Seelenwillenskraft, die empfindungsfühlende Kraft und die gedankenwahrnehmende Kraft allmählich und systematisch steigern. Das ist etwas sehr Wichtiges für die Entwicklung der Schöpferkraft, die auch wieder einen Beitrag dazu gibt, daß die Personalität nicht mehr so sehr im Leben jenen fremdbestimmenden Einflüssen unterliegt. Denn je besser das eigene Bewußtsein eine Führung in das Leben hineinbringt, desto weniger ist es den pausenlosen nervlichen Auszehrungen seiner eigenen niederen Natur ausgeliefert.

Nehmen wir einen ganz anderen Gedanken nun zur Kenntnis; einen interessanten Gedanken, der jetzt vielleicht von der praktischen Beobachtung her noch leichter umsetzbar erscheint. Wir haben die Schlafkammer als unseren Schlafort, und wir sind vielleicht Jahre oder Jahrzehnte an einen gleichbleibenden Ort gebunden. Es ist etwas sehr Wichtiges, daß dieser Ort, an dem wir schlafen, ein ruhiger Ort ist, und daß die Kammer tatsächlich mehr eine Kammer ist und nicht unbedingt ein Ort der Begegnung oder ein Ort des Tumults. Ich hoffe, daß ich jetzt niemandem zu nahe trete, wenn ich sage, daß die Schlafkammer eigentlich nicht Fernsehzimmer sein sollte, denn der Fernseher ist das Unzuträglichste überhaupt, das es für die Nerven gibt. Wenn wir abends fernsehen und dies zur nervlichen Ausgeglichenheit nehmen, weil wir uns am Tage schon verausgabt haben, dann ist die Sache meist so, daß wir am Abend gut und ruhig hinübersinken und der Fernseher sogar noch weiterläuft. Das müde gewordene Gemüt tut sich damit scheinbar auf den ersten Blick einen guten Gefallen, weil der Körper einschlafen kann und die Drangsal nicht mehr anwesend ist mit langen Gedankenaufwallungen und Unruhezuständen. Der Fernseher mit seinem Entertainment bewirkt das Einschlafen. Die Dimension der innersten Seele wird aber willentlich auf diese Weise schwächer, und das ist etwas, das nicht günstig ist. Es ist vor allem, wenn wir an das bisher Gesagte wieder anknüpfen, jene Problematik nun gegeben, die aus dem rezeptiven Verhalten gegenüber der Umwelt kommt. Das Bewußtsein nimmt ja das, was im Fernsehen lebt, auch in sich hinein, das heißt, es bildet der Mensch aus seinem menschlichen Vermögen nicht die Realität durch die Kraft einer Anschauung, durch die Kraft einer Empfindung zur

Schöpfung, sondern der Fernseher bestimmt die Realität. Der Körper erscheint einmal sichergestellt, daß er vielleicht ruhig hinübersinkt in das Jenseitige, aber selbst dann, wenn der Schlaf besteht, beeinflußt zum einen die Ausstrahlung des Fernsehers und zum anderen auch das, was im Fernsehen ausgesendet wird, das Bewußtsein weiterhin. Das hat man sich auch zunutze gemacht bei bestimmten Formen des Lernens, wo man eine Kassette zum Beispiel mit Fremdsprachenübungen in der Nacht laufen läßt. Das ist aber schwächend für den Menschen, weil er seine Willenskräfte, seine Empfindungskräfte, seine Gedankenkräfte nicht wirklich in Beziehung bringen muß zu den Objekten, sondern mehr aus der psychologisch unbewußten Aufladung sein Innenleben gestaltet. Er wird damit in seiner Individualität nicht gefestigt. Der Fernseher sollte deshalb möglichst nicht in die Schlafkammer hinein.

Weiterhin sollte die Schlafkammer nicht Arbeitszimmer sein, denn das Arbeiten trägt oftmals einen Unruheherd in sich und hinterläßt auch diejenigen Kräfte oder feinstofflichen Wesen, die im Raume die Atmosphäre bestimmen. Die Schlafkammer sollte eine ganz ruhige, ja, möglichst abgeschiedene Kammer sein. Vielleicht mag jetzt der Student in München, der in der Wohngemeinschaft lebt, natürlich schon einiges dagegen einwenden, das ist verständlich, denn die Verhältnisse sind nicht immer leicht. Wenn wir aber den Gedanken zur Kenntnis nehmen und die Möglichkeiten besitzen, dann sollte das Schlafquartier wirklich zum Schlafen da sein und für möglichst wenig andere Bereiche genutzt werden.

Es ist weiterhin eine interessante Frage, die von medizinischer Warte aus erwogen werden kann: Sollen nun im Schlafzimmer Pflanzen stehen oder sollen keine Pflanzen im Schlafzimmer stehen? Im Krankenhaus werden in der Nacht gerne die Pflanzen herausgenommen, weil ja von der Forschung her bekannt ist, daß sie Kohlensäure in der Nacht abgeben und Sauerstoff geringfügig verbrauchen. Am Tage ist es umgekehrt, deshalb können sie am Tage im Krankenzimmer stehen. Wenn jemand aber herzkrank ist und Atembeschwerden hat, also von der Herzleistung her geschwächt ist, dann ist es natürlich wohl dringend notwendig, die Pflanzen aus dem Zimmer zu entfernen. Vielleicht ist es auch in verschiedenen Phasen des Lebens vorteilhaft, wenn man keine Pflanzen im Zimmer stehen hat. Es kommt auf die beabsichtigte Entwicklungsrichtung an. Je nachdem welche Entwicklung die Seele im Leben einschlägt, wenn sie eine mehr vitale Richtung, eine sehr kräftigende Richtung einschlagen will, dann ist es natürlich gut, wenn sie in der Nacht möglichst viel Sauerstoffzufuhr hat. Es ist aber für den, der sich geistig entwickeln möchte, geradewegs umgekehrt. Jener tut gut, wenn er Pflanzen, die Sauerstoff brauchen, in die Kammer stellt. Das ist ein ungewöhnlicher Gedanke, aber er realisiert sich darin, wenn wir den Atem des Menschen in der Nacht einmal beobachten. In der Nacht findet etwas statt, das ganz anderer Natur ist als dasjenige am Tage. In der Nacht erbaut sich nicht die vital muskuläre Eiweißsubstanz, sondern in der Nacht verwandelt sich der Körper im Gesetze seiner selbst. Der Körper wird von seiner Substanz her tatsächlich ein anderer. Jede Nacht verwandelt sich der Körper um einen ganz geringfügigen Grad in seinem Gewebe und seiner Konsistenz. Die Kohlensäure ist das Produkt der Ausatmung, und diese gewinnt für die seelisch aufsteigende Entwicklung eine Bedeutung. Die Nacht ist die beginnende und aufladende Verwandlungsphase, und für diese Verwandlungsphase benötigt der Körper einen anderen Atem als den, der vital gegeben ist am Tage. In der Nacht atmet der Mensch dadurch auch anders. In der Nacht braucht ganz besonders der, der einen Entwicklungsweg mit hohen Verwandlungsschritten durchgeht, die Kohlensäure. Er braucht nicht nur Kohlensäure, denn sonst würde er natürlich ersticken, aber – verstehen Sie mich bitte nicht falsch – er braucht keine so vitale Sauerstoffaufladung, sondern eine abgeschiedene Kammer, wo die Luft zwar nicht stickig werden muß, aber zumindest nicht ständig mit Frischluft neu versorgt wird. Er braucht auch die Kohlensäurezufuhr, denn dadurch verwandelt er sich in seiner Leiblichkeit. Die Pflanzen müssen wir deshalb nicht unbedingt aus dem Schlafzimmer verbannen. Die Entscheidungen können erfolgen, je nachdem welche Dimensionen die Seele im Leben anstrebt. Will die Seele nur das vitale Leben sehen, dann wird der Körper viel Sauerstoff benötigen, will sie aber eine innere Verwandlung der Leiblichkeit zu immer mehr Empfindung, zu immer mehr Neuschöpfung und kindlicher Unberührtheit im Bewußtsein durchgehen, was den innersten religiösen Pfaden eigen ist, dann tut es dem Körper besser, wenn die sportlichen Arme die Fenster nicht zu weit aufmachen und einige Pflanzen sogar in der Schlafkammer stehen.

Wieder ein anderer Gedanke für die Gestaltung des Schlafzimmers ist einfach und zur Anregung gedacht: Wohin werden wir das Bett drehen?

Mit dem Kopf nach Norden, nach Süden, nach Osten oder nach Westen? In welche Richtung wird der Kopf am besten liegen? Hier hat der indische Geist recht intensive Empfindungen ausgeprägt und hat auch die sogenannte Yoga-Stellung, die *āsana,* immer in eine bestimmte Himmelsrichtung ausgerichtet, weil er spürte, daß die Ströme ihn durchfluten und ihn in der Energie leiten. Der Yogin kehrte sich bei dem Praktizieren von bestimmten *āsana* mit dem Gesicht nach Osten, da er in der aufsteigenden Sonne die Empfindung von einer hoffnungsvollen Inspiration empfand. In bezug auf den Schlaf kann dieses feine Empfinden ebenfalls eine Berücksichtigung erhalten.

Liegt der Kopf nun besser nach Norden oder liegt er besser nach Süden? Wenn der Kopf nach Norden liegt, dann ist das mehr der Schlaf – um es in aller Kürze nur zu schildern – des mehr denkenden, leptosomen Menschen. Wenn er nach Süden liegt, dann ist es mehr der Schlaf des emotionalen Stoffwechselmenschen, des Pyknikers. Derjenige, der mit dem Kopf nach Norden liegt, wird vielleicht mehr Struktur und eine leptosome Kondition schaffen, eben was dem Kopfe mehr entspricht, und derjenige, der mit dem Kopf nach Süden liegt, wird sich vielleicht mehr in eine rundlichere Leiblichkeit hineingeben. Die Unterschiede sind in ihrer Wirkung natürlich geringfügig, aber sie sind doch auch erwähnenswert. Derjenige, der mit dem Kopf nach Osten schläft, wird mehr Klarheit im Bewußtsein entwickeln, und derjenige, der mit dem Kopf nach Westen liegt, wird mehr von einem traumreichen Schlaf erfüllt sein, leichter zumindest von einem traumreichen Schlaf erfüllt sein und mehr Leidenschaftlichkeit entwickeln. Das mag für den eisernen Asketen der heilsamste Schlaf sein, denn er gewinnt dadurch vielleicht wieder mehr Sinnenfreude im Leben.

Ein weiterer Gedanke für das Schlafzimmer – ein recht wohlbekannter, heute recht umgänglicher Gedanke – betrifft die Störungen, die von den Wasseradern oder von den geopathischen Einflüssen entstehen. Wie verhält es sich? Es kann jedoch heute Abend dieser Gedanke nicht in aller Konsequenz ausgeführt werden. Es ist eines der Ziele dieser Ausführungen, daß wir Empfindungen entwickeln, einen Schöpfersinn entwickeln und uns somit mehr produktiv zur Welt in Beziehung bringen können. Diese Ausführungen sollten das Bewußtsein anregen und die reine Individualität in ihrer universalen Natur erheben und somit auch eine nicht konsumierende, sondern eine gebende, schöpferische, gestaltende, kreative oder mehr bewußtseinsaktiv ausstrahlende Richtung in die Welt hineinbringen. Es soll mit diesen Ausführungen das Denken, das Fühlen und der Wille auf größere Ebenen emporgehoben werden. Dazu dienen diese Anregungen. Der Störeinfluß mag mit einiger Empfindsamkeit leicht nachempfindbar sein. Wir suchen uns ja in der Regel unseren Schlafplatz unbewußt selbst und legen uns vielleicht gezielt auf die Wasserader hin, oder wir legen uns gezielt auf einen mehr von elektrischen oder von gewissen Mischformen geprägten Störeinfluß. Das geschieht in der Unbewußtheit oftmals mit magischer Anziehungskraft. Indem wir ein Bewußtsein für die Harmonie des Schlafplatzes entwickeln, wird uns das leichter in das Bewußtsein rücken.

Dasjenige, was mit einer Wasserader verbunden ist, muß nicht unbedingt nur belastend sein für den Menschen. Geistig gesehen sind mit den Strahlen der Wasserader Wesen in Verbindung, die den Menschen tatsächlich einhüllen und ihn meist tiefer in den Schlaf hineinziehen. Dieses Tiefer-Hineinziehen fördert auch mehr den Säftefluß und das Wäßrige und Phlegmatische. Diese Kräfte bringen die Leber mehr in eine gewisse Beharrlichkeit, sie hüllen das Organ ein, sie bringen einen beharrlicheren Schlaf. Schwierig wird es vor allem, wenn solch eine Wasserader mit weiteren Störungseinflüssen kombiniert ist, zum Beispiel mit Strom oder mit gewissen chemischen oder andersartigen Strahlkräften, denn das kann zu wirklichen, mannigfaltigen Störungen führen. Es gibt die unterschiedlichsten Adern, entsprechend der unterschiedlichen Formen, Windungen, Kreuzungen und auch von geomantischen Einflüssen begleitet, so daß alle nur erdenklichen Mischformen in sich widerstreitender Strahlungen in der Wohnung oder in der Kammer wirken können. Wenn wir ein Bewußtsein dafür ausprägen, dann werden wir auch feststellen, ob der Schlafplatz harmonisch gewählt ist oder disharmonisch. Ganz entscheidenden Einfluß hat ebenfalls der geomantische Einfluß, der in der Regel nicht so sehr beachtet wird, und das ist der Einfluß von denjenigen feinstofflichen Wirkungen, die durch die Berge oder durch die Täler, durch die Formen oder durch die entsprechende geographische Gestaltung wirken. Es ist ein großer Unterschied, ob wir auf einem Berg, auf einem Hügel oder auf einem Kamm das Haus stehen haben, oder ob wir es unten im Tal haben oder auf einer entsprechenden Hangseite. Im Tal beispielsweise werden stärker die Wassereinflüsse wirksam, das Element des Wassers, das im Körper anwesend ist, wird besser wirksam. In einer ebenen Landschaft wird jedoch der intellektuelle Einfluß stärker gefördert. Auf den Bergen wird mehr der Stoffwechseleinfluß belebt, das heißt, die mehr erbauenden Kräfte werden stärker entwickelt. Deshalb ist es auch durchaus so, daß der Österreicher im Temperament schon anders sein muß als der Deutsche, insbesondere der Flachländer, wenn man diese Feinheiten in der Mentalität vom Intellekt her einmal betrachtet. Der Bergbewohner ist etwas emotionaler oder leichter emotional, er ist auch mehr vom Herzenselement geprägt. Das muß nicht nur im positiven Sinne sein, aber er ist mehr geprägt von dem Wärmeelement, das vom Kreislaufleben kommt. Das steht in einem sehr engen Zusammenhang mit den geomantischen Einflüssen, mit den Einflüssen der Gesteinsart, durch welche die Gestaltungsformen der Landschaft auch entstehen. Hier können wir Empfindungen ausprägen und einen ersten Sinn für die Wirkungsweisen in der Natur entwickeln. Diesen Sinn sollten wir auch mehr und mehr entfalten, denn dieser Sinn bereichert nicht nur materiell unser Leben, sondern bringt uns auch weiter in die metaphysischen Zusammenhänge des ganzen Daseins hinein.

Kommen wir wieder zu einem ganz anderen Gedanken, einem Gedanken, der etwas gewagt ist, wenn er hier geschildert wird. Er ist deshalb gewagt, weil er allzuleicht auch übertrieben werden kann in Form von Emotionen und in Form von Projektionen des Gemütes. Aber es ist ein wichtiger Gedanke, der für die psychosomatische und geistig erweiterte Therapie einmal zukunftsweisend sein wird, und der die Aufmerksamkeit auch auf Tatsachen lenkt, die wir normalerweise zu wenig beachten und zu wenig auch in die ganze medizinische Situation hineinnehmen. Wir können diesen Gedanken mit der Frage sogleich einleiten: Gibt es so etwas, daß wir, wenn wir neben einem Menschen schlafen, von negativen Kräften aufgeladen werden oder, sagen wir es so, von störenden, krankmachenden und auszehrenden Kräften dadurch heimgesucht werden? Ist ein psychischer und physischer Kräfteverlust möglich während des Schlafes, oder ist diese These nur eine Phantasterei und subjektive Einbildung? Können wir auch gleichzeitig, wenn wir neben einem Menschen schlafen, der Erbauendes für uns persönlich bringt, Erbauendes damit aufnehmen? Ist das in der Nacht tatsächlich ein Einflußfaktor oder ist das nur eine Vermutung? Hier müssen wir uns noch einmal das Schlafbewußtsein vorstellen, damit wir ein Bild von seiner Eigentümlichkeit erhalten. Im Schlaf ist der Körper in der gediegenen Ruhe der irdischen Welt gut eingebettet, der Körper ruht, und dasjenige, was Lebenskraft ist, kann nun empfangend sich ausrichten. Das Vegetativum kann sich neu aufladen und das Nervensystem richtig regenerieren. Der Vormitternachtsschlaf ist vor allem für das vegetative Nervensystem wichtig und der Nachmitternachtsschlaf vor allem für das Nervensystem und für die Energieaufladung für den nächsten Tag. Das aber, was das Bewußtsein ist, ist wie ausgegossen außerhalb des Körpers. Und da das Bewußtsein nicht im Körper untergetaucht ist und somit auch nicht in den Organen, in den Nervensträngen gehalten ist, wirkt es in der Nacht anders. In der Nacht wirken substantielle Elementarkräfte dadurch viel freier und sind auch für die Umgebung anders verfügbar. In der Nacht ist jene Möglichkeit gegeben des größeren Gebens auf der einen Seite und auch des größeren Nehmens oder Zerstörens auf der anderen Seite. Diese beiden Phasen sind tatsächlich anwesend, weil das Bewußtsein wie über uns ist, und es kommt damit mehr in verfügbare Ausstrahlung für die Umgebung. Es strahlt nicht nur auf die unmittelbar nahe Umgebung aus, sondern es wirkt auch weiter hinaus, weil es astralisch gesehen aus dem Kosmischen, aus einer räumlich nicht zugeordneten Mitte heraus wirkt. Und dieses freie Bewußtsein hat nun eine andere Einflußkraft.

Es ist wahrhaftig eine Tat des individuellen Menschengeistes, der mehr geben oder mehr nehmen kann. Das ist an bestimmten Tagen der Krankheit etwas ganz Wichtiges. Es kann nun tatsächlich sein, daß jemand krank ist und die Erschöpfungsphasen nicht mehr richtig aufwerten kann, so daß die Krankheit nicht mehr zum Stillstand kommt und die Situation damit hoffnungslos den Medikamenten überantwortet werden muß und die Lebenskräfte dahingehen. Es kann sein, daß in der Nacht jene Situation im ganzen Umfange gegeben ist, daß jemand durch einen anderen immer geradewegs auch dasjenige aufnimmt, was er nicht aufnehmen sollte. Und das kann zum Beispiel so aussehen, – das sind nur Beispiele, die auch mit Vorsicht bitte zu nehmen sind – daß die Frau krank ist und der Mann sagt, er ist für sie da, er wird sie begleiten bis in die letzte Stunde, aber insgeheim denkt er ein Nein. Er spricht ein Ja am Tage, und in der Nacht spricht er aber deutlich dieses Nein aus. Und so wirkt in der Nacht nicht das Ja, sondern das Nein in die stille und intensive Sphäre hinein. Oder es kann sein, daß die Frau krank ist und der Mann die Frau unbedingt braucht und Angst hat, diese Frau zu verlieren. Das ist in Wirklichkeit eine ungünstige Abhängigkeit – um es nicht zu drastisch auszudrücken – aber leicht und nahe liegt in der Situation der Abhängigkeit ein Nein, was der Mann damit auch spricht in der Nacht. Und somit ist ein Ungleichgewicht in der Nacht gegeben. Es stimmt dasjenige nicht zusammen, was zusammenstimmen sollte. Der Tag und die Nachtphase stehen sich wahrhaftig disharmonisch gegenüber. In der Nacht ist ein Nein, am Tage ein vornehmes Ja gegeben. Diese Widersprüchlichkeit bringt die Konsequenz, daß sich die Lebenskräfte unheimlich schnell erschöpfen können. Hier ist vielleicht manche psychologische Aufklärung oder manche Forschungsarbeit notwendig, die aber eben auch mit Vorsicht zu betrachten ist, denn wir können nicht jemand anderem die Schuld geben für unseren Zustand des Krankseins. Wir müssen Klärungen, Lösungen suchen, die sinnvoll sind, deshalb ist solch ein Gedanke immer gefährlich, wenn er öffentlich einmal geschildert wird. Therapeutisch wäre es aber wichtig, denn wenn ein Kranker diese Phasen nicht bereinigt in sich, dann kann dies tatsächlich zu einem rapiden Kräfteverlust führen.

Es ist ja in der Krankheit oftmals so – gerade bei bestimmten Krankheiten wie Rheuma, Karzinomen, bei Krankheiten, die oft recht tief im Leibe sitzen –, daß wir zum Leben immer Ja sagen und am Tage ein Ja auch aussprechen, in Wirklichkeit aber insgeheim immer ein Nein denken und insgeheim dieses Nein für uns als die Realität behalten. Und somit entsteht am Tage schon ein Ungleichgewicht, das sich aber in der Nacht entsprechend der Konstellation, die gegeben ist, noch stärker auswirken kann. Wir werden in der Nacht wahr oder, anders ausgedrückt, wir schaffen in der Nacht dasjenige Geschöpf durch die Einflüsse aus einem Jenseitigen, das unserer innersten Realität, unserer Linie, unserem innersten Ziel entspricht. Am Tage können wir uns natürlich mit vielen Formeln, Formulierungen, mit vielen Geschäftigkeiten, mit vielen Trugschlüssen und Illusionen begleiten, und wir können die Augen lange vor der Realitätsebene verschließen. In der Nacht werden wir aber konfrontiert mit der Wahrheit unseres Wesen und mit dem, was tatsächlich in unserer Mitte lebt. So schaffen wir die Realität in der Nacht, die tatsächlich unserem Wesen eigen ist. Das ist aber nicht auf ein absolutes Maß nun beschränkt, denn auch diese Realität kann durch entsprechende Zielformung und Zielsetzung verändert werden. Ja, es kann sich der Mensch sogar so weit durch Schulung verändern, daß er in sich die Genome und somit wichtige Teile der Erbanlage verändert. Das ist auf dem Wege einer geistig-spirituellen Entwicklung ohnehin der Fall, daß sich die Erbsubstanz mit der Zeit in andere, neue, produktivere Richtungen verändert. Wichtig ist nur, daß über diese Dinge ein Bewußtsein entsteht und daß die Nachtphase als zugehörige Phase zur Tagesphase einmal einen rechten Stellenwert gewinnt und von dieser Möglichkeit aus auch das Leben eine erbauende Dynamik gewinnt.

Kommen wir noch zu einem wieder sehr praktischen Gedanken, der hilfreich ist und leicht ergreifbar. Was können wir tun, damit wir schwierige Phasen, Konfliktsituationen im Leben auch medikamentös unterstützen? Das Geschilderte bezieht sich nun auf eine eigenschöpferische Aktivierung und auf diejenige Entfaltung von Kräften, die mehr den innersten Möglichkeiten des Willens und der Gedankenbildekraft entsprechen. Es ist ein wichtiges Grundverständnis für das ganze bisher Gesagte, daß wir dem Leben diejenige Richtung geben, die auch im Sinne eines Auftrages, im Sinne eines tatsächlichen Gewahrseins und einer erbauenden, für uns idealen Richtung liegt. Wir sollten dem Leben diese Richtung geben lernen und dasjenige immer wieder loslassen können, was nichts mehr zur Sache beitragen kann. Das ist freilich nicht im egoistischen Sinne gemeint, sondern mehr in einem tieferen religiösen Sinne der Entfaltung des ganzen inneren, gebenden Potentials.

Damit wir diese Richtung auch unterstützen, müssen wir entgegen mancher Bequemlichkeiten den Tag einigermaßen gestalten lernen, und wir müssen sicherlich an uns immer wieder arbeiten. Es ist eine ganz tiefe Wahrheit, daß wir dann am besten einschlafen, wenn wir auch gediegen zu einer Sache hindurchgeschritten sind. Dieses Hindurchschreiten bedarf aber der wiederholten Übung. Dem Leben diese schöpferische Richtung zu geben, ist nicht immer die einfachste Angelegenheit. Am Tag muß das Bewußtsein wach werden und sogar noch wacher werden, um sich besser verbinden zu können mit den Begebenheiten. Am Abend muß es sich wieder aus seinem leiblichen Träger loslösen. So ist das Diesseitige und das Jenseitige immer in einem Wechselspiel und formt sich zu einer größeren Persönlichkeit in einer Gesamtheit und Gemeinschaft heraus.

Ein Medikament, das innerhalb der anthroposophischen Heilkunst entwickelt wurde, ist der Phosphor. Der Phosphor ist ohnehin in der Homöopathie ein ganz wichtiges Heilmittel, welches sich im Licht entzündet. Er wird am Morgen und eventuell noch am Mittag in einer niedrigen Dezimalpotenzierung genommen, in einer D6. In einer niedrigeren Potenzierung wäre der Phosphor giftig, wenn man ihn einnimmt. Eine D6 ist eine angemessene Verdünnung, die die Wachheit des Bewußtseins am Tage fördert. So macht der Phosphor wacher. Am Abend soll aber genau das Gegenteil eintreten, und so wird man am Abend nicht eine D6 nehmen, dies auf keinen Fall, sondern man wird zu einer D25 greifen. Man wird also eine hohe Potenzierung wählen – das ist eine 25-fache Verdünnung – denn diese wirkt dann lösend, so daß das Bewußtsein leichter aus seinem Träger hinausfindet. Am Morgen wirkt der Phosphor in der niedrigen Potenzierung mehr inkarnierend. Am Abend wirkt die höhere Potenzierung auf milde Weise exkarnierend. Der Phosphor ist ein Mittel, das günstig wirkt bei Schlafstörungen, und er ist vor allem ein ausgleichendes, mildes und – innerhalb der homöopathischen Verdünnungen gehalten – harmloses Mittel.

Die Problematik der Schlafmittel dürfte heute im Allgemeinwissen bereits bekannt sein. Chemische Schlafmittel sollten natürlich nicht genommen werden, wenn es nicht dringlich notwendig ist. Ebenso sind Psychopharmaka zu vermeiden, wenn sie nicht dringlich von der medizinischen Seite her indiziert sind, denn jedes Schlafmittel oder Psychopharmakon überdeckt die eigentliche Situation. Ein Schlafmittel, das direkt auf das Nervensystem, auf die Synapsen des Nervensystems wirkt, ist immer kritisch, weil der Patient den Prozeß nicht selbst bewältigen muß. Es sollte also nur zu einem Schlafmittel gegriffen werden, wenn es wirklich nicht anders möglich ist, ansonsten sollte die größtmögliche Bemühung gegeben sein, daß ein Patient sich tatsächlich auseinandersetzt und dem Leben diese durchaus schwierige Richtung, aber die Richtung in eine größere Objektivität, in eine größere Freiheit des Bewußtseins geben lernt. Denn die Medizin kann wahrhaftig erst von Freiheit sprechen, wenn es im größeren Rahmen auch gelingt, das Leben einigermaßen in eine Führung zu bringen. Wir können niemals von Freiheit sprechen, wenn wir alle nur erdenklichen Chemikalien benötigen, damit wir überhaupt noch irgendwie durch den Tag kommen.

Eine andere wichtige Therapieform, die sehr interessant ist und doch ein bestimmtes unbekanntes Rollenverhältnis einnimmt, erscheint hier nennenswert: Wie verhält es sich mit Beruhigungsmitteln, insbesondere mit den klassischen pflanzlichen Beruhigungsmitteln? Die klassischen pflanzlichen Beruhigungsmittel sind an erster Stelle der Baldrian, dann der Hopfen, die Passionsblume, schließlich die Melisse und verschiedene mehr. Diese Beruhigungsmittel sind in mancherlei Hinsicht angezeigt, aber sie sind nicht immer angezeigt, denn stellen wir uns einmal jene Situation vor: Wir werden am Tage nicht richtig wach, und am Abend trinken wir zum Schlafen den Beruhigungstee. Es entwickelt sich dadurch mehr Disharmonie als Harmonie. Es wäre manchmal sogar so, daß wir am Abend eher das Aufputschmittel bräuchten anstatt das Beruhigungsmittel, damit wir wenigstens noch einmal wach werden. Das ist medizinisch gesehen auch eine kritische Angelegenheit, aber es kann in unterschiedlicher Hinsicht vielleicht sogar eine Hilfe geben, denn manche ältere Menschen schlafen beispielsweise gerade besser nach einem Kaffee. Die individuellen Verhältnisse sind unterschiedlich. Jedenfalls muß man mit Beruhigungsmitteln unter Umständen vorsichtig sein, und dies auch mit pflanzlichen Beruhigungsmitteln, damit nicht einerseits eine Art Abhängigkeit und andererseits ein Kräfteverlust gegenüber dem Tageswachzustand entsteht.

Es gibt verschiedene Methoden, wie wir mit der Schlaflosigkeit umgehen und das gesunde Einschlafen unterstützen können. Ein ganz praktisches Mittel hat Pfarrer Kneipp empfohlen. Bei kalten Füßen wird man ein warmes, heißes Fußbad nehmen, damit die Füße warm werden und damit sie auch warm bleiben. Dann ist das Einschlafen meist leichter gewährt, denn mit kalten Füßen wird man nicht leicht einschlafen. Ein ansteigendes Fußbad mit einem entsprechenden Kreislaufgerät ist nicht unbedingt ratsam, weil es die Kräfte gern sehr stark in ein Strömen von unten nach oben bringt. Meist hat man am Abend die Problematik, daß die Kräfte, wenn man sie energetisch charakterisieren möchte, zu stark aus dem Stoffwechsel frei werden, das Vegetativum sich mehr überschäumend hinauf in das Nervensystem bewegt und die ganzen Nervensteuerungen sich nicht mehr richtig zusammenfügen. Die Beruhigung ist natürlich schon zu einem gewissen Grad angezeigt. Die Malve ist hier auch ein ganz wichtiges Mittel, das ich noch nicht erwähnt habe. Die Malve bringt das Vegetativum besser in ein Verhältnis zum Zentralnervensystem. Die Malve ist ein guter Abendtee, ein sanfter, ganz milder Abendtee.

Das Problem ist aber oftmals ein sehr komplexes und nicht leicht therapierbares. Vom Vegetativum, und damit von Reizzuständen her, steigen Impulse in das Nervensystem hoch und wühlen es in irgendeiner Form auf. Diese chaotischen Reizzustände kann man sich auch leicht in der Empfindung vorstellen. Das Bewußtsein möchte zur Ruhe finden und wird geradewegs durch die flimmernden Reize des verhäkelten autonomen Nervensystems im Körper festgehalten. Yoga-Übungen können hier auch eine kleine Hilfe geben, wenngleich der Abend nicht mehr zu großartigen Aktionen führen soll. Der Kopfstand ist eine zwar anregende Übung, die sich zum Einschlafen aber als recht günstig erweist, weil sie das Verhältnis im Nervensystem etwas besser ordnet. Die Yoga-Übung sollte aber nicht zu sehr die Organe anregen und die Energien körperlicherseits stimulieren. Sanfte, kontemplative Yoga-Übungen mit ruhiger mentaler Führung erweisen sich meist als günstig. Eine Übung – ich kann jetzt nur darauf hinweisen – ist die einfache »Rhythmisierung des Atems« mit einer leichten, sanften Atemführung, die die Aufmerksamkeit in den Bauchraum zentriert. Die körpereigenen Energien werden dann von oben nach unten wieder in den Bauchraum zentriert, und dadurch entwickelt sich allgemein mehr Stabilität im Nervensystem. Diese Übung führt zu einer Ordnung und zugleich Zentrierung in den untergründigen vegetativen Bauchgeflechten. Es gibt auch andere Übungen, zum Beispiel sanfte rückwärtsbeugende Übungen, die leise das Bewußtsein öffnen und die Energien mehr in einen Abschnitt, wo etwa der Bauchraum, der Nabel ist, zentrieren und eine Ruhe herbeileiten. Es mag hilfreich sein, wenn man diese Übungen am Abend auf sanfte Weise ausführt. Aber sie sind nur unterstützende Maßnahmen zur eigentlichen Gedankengestaltung und Gedankenführung.

Das warme Eingebettetsein ist für die Qualität des Schlafes eine natürliche Grundvoraussetzung. Wenn einmal – und das ist ein ganz wichtiger Punkt – Erschöpfungsphasen im Stoffwechsel gegeben sind, und das ist von der Medizin her bekannt bei Immunschwäche, Bauchspeicheldrüsen-Problemen wie Diabetes, dann bei Krankheiten, die auf Auszehrung beruhen, wie Rheuma und die Krebskrankheit, dann ist es wichtig, daß die Nacht warm ist. Sie soll unbedingt warm sein, denn nur wenn die Nacht warm ist, kann der Stoffwechsel sich in seinem Urelement aufbauen. Eine kalte Nacht kann für einen geschwächten Menschen wirklich ein arger Rückschritt, ein arger Einbruch in die Gesundheit sein. Die Wärme ist für das Immunsystem und für die gesunde Stoffwechselleistung nötig.

Ein ganz wesentlicher Gedanke soll nun als beschließender Teil diese Ausführungen ergänzen. Wir sind in der Führung des Lebens begriffen und müssen das Leben auch führen. Wir müssen das Leben sogar zu einem gewissen Grade meistern. Wir können nicht erwarten, daß das Leben für uns ein anderer meistert, und auch von einem Glaubensbekenntnis dürfen wir nicht erwarten, daß damit Gott das Leben meistert, denn das Leben erfordert eine eigenständige Führung, damit überhaupt einmal eine Verbindung eintritt mit der Schöpfung und weiterhin mit den Kräften, die rein geistig sind. Wir müssen aktiv an uns selbst und somit an der Entwicklung arbeiten und möglichst eine gediegene Beziehung zu einem höheren Ideal ausprägen. Diese Beziehungsaufnahme zu höheren Idealen ist nicht immer das Einfachste, denn wir leben in einer Zeit der Isolation und der Einsamkeit, der Vereinsamung der Individuen. Unsere Zeit ist von Entfremdungsmächten geleitet, und so haben wir heute allgemein einen Mangel an guten, gediegenen Freundschaften und gediegenen Beziehungen. Wir leiden auch unter diesem seelischen Verlust von Nähe und Verbindung, die in letzter Hinsicht auch Liebe ist und Sicherheit ermöglicht. So kann es ganz häufig sein, daß wir uns über die Mißgeschicke am Tage beklagen und auf den Wegen durch das Leben vereinsamen. Wir wollen einen Freund besuchen und er ist nicht zu Hause. Wir gehen irgendwohin und ernten Kummer und Einsamkeit. Wie oft ist es so, daß das Leben in dieser Hinsicht beschnitten wird? Was können wir tun? Dasjenige, was wir am Tage pflegen, wird über die Nacht hinweg am nächsten Tage zu einer neuen Weite gehoben. Eine der guten oder angenehmen Übungen ist es, wenn wir am Tage wirklich die Gedanken für andere in einer Betrachtung, einer Anschauung in der Realität ihrer Welt entwickeln. Wenn wir an einen anderen denken, so ziehen wir die Begegnung mit dem anderen heran. Wir ziehen die glückliche Begegnung oder das glückliche Zusammenkommen heran. Je klarer dieses Weitwerden am Tag zuvor beginnt, um so besser ist auch die Aussicht, daß unsere Freundschaften glücklicher und günstiger verlaufen. Je mehr Erwartungshaltung hier beigemischt wird, um so weniger denken wir an den anderen, und somit kommt mehr Isolation zustande. Ganz einfach gesprochen schlafen wir am glücklichsten ein, wenn wir an den anderen denken. Wenn unsere Gedanken vom sogenannten Nur-Wollen und Nehmen und vom Begehren einigermaßen hinüberfinden zu unseren Mitmenschen, wenn sie einigermaßen frei verfügbar werden, dann schlafen wir am günstigsten ein, denn wir spüren beim Einschlafen schon, daß der nächste Tag in die Obhut eines größeren Meisters der Werke gestellt ist. Das ist nicht übertrieben; die geborgene Aufnahme in eine größere Obhut spüren wir. Dagegen, wenn wir nur an uns selbst denken und nicht aus diesem Kreislauf der Gefangenschaft herausfinden, so spüren wir, daß der nächste Tag auch noch nicht vorbereitet ist, und wir haben vielleicht entsprechende Schlafstörungen. Die Vorbereitung geschieht durch unsere Gedankenführung und durch unsere Gedankenbildung, und so wird auch der nächste Tag wieder von dem begleitet sein. Das hat eine ganz wichtige Bedeutung. Wenn wir am Morgen aufstehen, kann es sein, daß wir auf eine glückliche Nacht zurückblicken oder daß wir auf eine unglückliche Nacht, auf eine auszehrende Nacht zurückblicken und damit den Tag mit Beschwernissen zu bewältigen haben. Es hängt von jener Führung ab, die wir dem Leben geben können, und die wir durch Weisheit langsam erringen. Es ist wahrhaftig so, daß wir hier wohl niemals an einen Endpunkt in der Entwicklung gelangen und immerfort an uns arbeiten müssen. Das mag schwer sein und vielleicht auch entgegen unserer Zeitströme schwingen. Wie arbeitet unsere Zeit hier nur entgegen? Wie arbeitet ein Selbstbewußtsein hier ständig in einer ganz anderen Ausrichtung?

Ein kleiner Blick einmal auf unsere Zeit, in unsere gesellschaftlichen Verhältnisse verdeutlicht dies. Wollen wir einmal geistig gesehen diese Zeit einigermaßen identifizieren, so erscheint sie auf sehr zweideutige Art. Die zweideutigen Verhältnisse äußern sich ganz besonders im Umgang mit dem Begriff der Freiheit des Menschen und des Menschseins. Wann ist der Mensch frei, und wann ist er in Abhängigkeiten? Diese Frage betrifft nicht nur die Philosophie und Religion, sondern die gesamte Sozialwissenschaft und Sozialhygiene. Unsere Zeit ist bestimmt durch geistige Substanzen, die aus einem unsichtbaren Himmel das Leben leiten. Wir gehen in eine Versammlung, und dort weben und hauchen diese unsichtbaren Wesen. Gerade auch auf dem Gebiet der Religion sind diese Wesen ganz besonders tätig, und sie reden uns eigentlich etwas ganz Groteskes ein, sie reden uns einen Freiheitsgedanken ein und meinen damit aber einen politischen Freiheitsruf ohne Rücksicht auf das Individuum. Unsere Zeit möchte uns direkt aus den ganzen Stimmen der Gegenwart eine Freiheit einreden, die gar keine Freiheit ist.

Die Freiheit soll derzeitig leider mehr zu einem Gesetz werden, das über alle regiert. Die gegenwärtige geistige Bemühung von vielen Menschen gleitet in jene Richtung, die dem Menschen genau vorschreiben möchte, wie er denken, fühlen und handeln muß. Jener sei frei, der sich den kollektiven Meinungen der Wirtschaft, der Kirchen und der Medizin anschließe, und jener sei abhängig, der sich in einer eigenständigen Bemühung um unterscheidende Einsichten in die globale Welt der physischen, psychischen und spirituellen Gesetzmäßigkeiten bemüht. Diese Einschränkung durch die Propaganda der Medien, die von Staat, Kirche und Wirtschaft geleitet sind, ist derzeitig so intensiv und machtvoll, da sie Grenzpunkte eines Denkens erreicht, die alten Werte unauffindbar und die neuen Werte noch nicht erdacht sind. Die Lösungsversuche wollen dem Menschen die Verantwortung abnehmen und ihn möglichst in das Schema eines fast mechanisierten Bewußtseins hineinführen. Die Freiheit kann aber nicht in einem System sichergestellt werden, dies sowohl nicht in politischer als auch in kirchensozialer Hinsicht. Die Freiheit erfordert vollkommene Mühe, vollkommene Selbstverantwortung und die größtmögliche Gewährung des Denkens, um jene hohen und höchsten Ideale, jene Ideale des spirituellen Selbstseins und der Einheit in einem übergeordneten Geist fühlen und erfahren zu können. Die Grundstimmung unseres Menschseins ist eine ungeheuere, verdeckte oder auch offensichtliche Angst, und sie ist auch Aggression.

Aber die Angst ist ein Ausdruck, ein gewisser Ausdruck für diese versuchenden Scheinlichter, die wir heute überall finden, die wir direkt einatmen, geistige Wesenheiten, die in der Luft liegen. Diese Versuchungen der Zeit sagen uns immer: »Gib nur deine Verantwortung ab und lasse die Medizin oder lasse die Religion oder lasse Gott oder lasse irgend jemanden die Realität bestimmen, aber schaue du nicht die Realität an. Denn wenn du die Realität anschaust, dann wird das Leben nicht bequemer.« Diese Kräfte arbeiten mit vehementem Einfluß, und sie bringen natürlich eine Strahlkraft für die Nacht, die nicht förderlich ist. Deshalb ist diese Führung, von der ich gesprochen habe, die wachsende Gedankenentwicklung, eingehende Empfindungsentwicklung, die empfangsfrohe Bewußtheit und die musische Sinngebung des Lebens heute schwerer als sie früher war. Wir müssen am Abend diese nahezu gewalttätigen Gedanken auch immer wieder von unseren Schlafkleidern schütteln, jene einhüllenden Gedanken, die wir einatmen, die wir ständig von den Zeitungen, von den Reportagen, von den unausgesprochenen Worten und durch das überdimensionale Wesen der Angst einatmen und aufnehmen. Wir müssen tatsächlich, um das Individuum entsprechend auf eine sichere und tiefere Stufe anheben zu können, um tiefer auch zur Begegnung und Nähe mit der Schöpfung zu kommen, zu einem ersten, inneren, tieferen Realitätsbewußtsein und einem Zufriedensein, die Zeit und die Versuchungen der Zeitströmungen überwinden. In diesem Sinn ist diese Bemühung schwierig, und sie mag vielleicht ein Jahr lang nicht gelingen, aber auch ein Jahr der Bemühung ist ein Schritt zu weiterer Entwicklung und Freiheit.

Es gibt in diesem Zusammenhang ein schönes *mantra,* das in der *Bhagavad Gītā,* der heiligen Schrift des Yoga, im 9. Kapitel, Vers 25, verfaßt ist. Dieser Vers trifft genau für dieses Thema auf umfassende Weise zu. Er heißt: Wenn du die Götter anbetest – und damit ist nicht Gott gemeint als der eine Gott, sondern die Götter, die Ausstrahlungen aus dem einen Gott, jene himmlischen Kräfte – wenn du sie anbetest, dann wirst du zu den himmlischen Kräften eingehen. Nach dem Sinn dieser Stelle gesprochen heißt dies: Dasjenige, was du anbetest, dort wird auch dein Schatz sein. Wenn du die Götter anbetest, wirst du zu den Göttern eingehen. Wenn du die Väter oder die Manen, die großen Persönlichkeiten, die Väter, die viel hinterlassen haben in der Welt, anbetest oder diese verehrst, so wirst du zu diesen nach dem Tode eingehen. Wenn du die Wesen anbetest – und die Wesen sind die Kräfte, die wir tagtäglich um uns herum haben, Wesensmächte, irgendwelche Gedankenflüchte und Gedankenkräfte, sei es positives Denken, negatives Denken, und so weiter –, wenn du diese Kräfte anbetest, wirst du auch zu diesen Kräften nach deinem Tod hineingehen. Und wenn du – und das ist im Sinne der *Bhagavad Gītā* – dieses höchste Selbst, diesen inneren Herrn, Gott, den Schöpfer oder das, was das einigende Selbst ist, das immer das gleiche ist und der ganzen Menschheit gemeinsam und geheimnisvoll als

Mysterium zugrunde liegt, wenn du dieses anbetest, dann wirst du zu diesem eingehen. Dort, wo dein Schatz liegt, dort wirst du hingehen. Auf die Nacht bezogen heißt dies: In der Nacht werden wir diese Wahrheit auf unbewußte Weise erleben, aber wir werden sie erleben dort und in jener Feinheit, wo wir unser Ziel hinlenken. Wir werden zu den Wesen gehen in der Nacht, wenn wir die Wesen anbeten. Wir werden zu den Göttern gehen, zu den himmlischen Mächten, wenn wir die himmlischen Mächte suchen und als Zielpunkt anstreben...

> *yānti deva-vratā devān*
> *pitṛn yānti pitṛ-vratāḥ*
> *bhūtāni yānti bhūtejyā*
> *yānti mad-yājino'pi mām*

(Anmerkung: Der Vortrag endete mit der Rezitation des *mantra*.)

Einfache Tee-Rezepte zur Förderung
eines gesunden Schlafes

Diese beiden Tee-Rezepte beruhen auf jener Erkenntnis, die die Art und Richtung einer selbsteigenen Gedankenbildung berücksichtigt. Sie sind deshalb keine typischen Beruhigungstees, die das Nervensystem auf ein niedrigeres, reizunempfindlicheres Niveau herabstimmen möchten, sondern sie fördern mehr eine innerleibliche Ordnung und eine mehr unabhängige, von Emotionen und Belastungen freie Gedankenverfügbarkeit. Bei den nervösen, unruhigen Einschlafstörungen liegt in der Regel eine Reizüberflutung und Verkrampfung im Denken vor, und so können sich die vegetativen Nervensteuerungen nicht von den zentralen Impulsen des Nervensystems lösen. Die Malvenblüte ist das sanfte Mittel, das eine bessere Zuordnung der vegetativen Nerven zu den zentralen, dem Bewußtsein unterliegenden Nerven bringt. Die Malve eignet sich deshalb ganz allgemein als ein Abendtee. Bei nervösen Einschlafstörungen ist aber auch in mehr oder minder nachweisbarem Maß die Dünndarmregion und somit das Verdauungssystem in eine Unruhe versetzt. Hier können die Fenchelsamen und der Anis eine sanfte Harmonisierung, Entkrampfung und somit Ruhe innerhalb der autonomen Abläufe in der Verdauung einleiten. Die Melasse, die mit einer Spur Honig ergänzt werden kann, bewirkt ebenfalls eine reinigende und milde Anregung im Stoffwechselbereich des Bauchraumes, so daß auf dieses Getränk eine von innen heraus spürbare Wirkung erfolgt.

Die Rezeptur lautet:
   1 Teelöffel Fenchelsamen,
   1 Teelöffel Anissamen und
   einige getrocknete rote Malvenblüten als Tee aufgießen
   und 5–10 Minuten ziehen lassen,
   1 Teelöffel Melasse in das fertige Getränk einrühren.

Ein anderes Tee-Rezept, das mehr eine milde Anregung und somit eine günstigere Gedankenlosgelöstheit am Abend fördert, basiert auf den wärmeanregenden Gewürzen Rosmarin und Thymian. Beide Gewürze wirken eher belebend, und sie wirken aber gerade dadurch aktivierend auf die Loslösevorgänge, die am Abend durch das Denken geleistet werden müssen. Es sind oftmals quälende Gedanken, die das Einschlafen rauben, und diese können wie eine hämmernde Maschine werden und einen verkrampften mentalen wie auch nervlichen Zustand bewirken. Der Honig, der zuletzt dem Tee zugefügt wird, dient der inneren Stabilisierung und psychischen Formung, denn der süße Stoff von den Bienen belebt den Menschen zur geistvollen Offenheit für die kosmische Wirklichkeit.

Das Rezept lautet:
½ Teelöffel Rosmarin,
½ Teelöffel Thymian und
1 Teelöffel rote Malvenblüten heiß aufgießen
und 5 Minuten ziehen lassen.
Dem heißen Getränk dann ½ bis 1 Teelöffel Honig beimischen.

Eine sinnvolle Seelenübung
für den Abend

Diese relativ einfache mentale Übung trägt den Namen »Tagesrück-schau« oder »Tagesrückverfolgung« und kann in unterschiedlichen Variationen wie auch in unterschiedlicher Zeitdauer und Intensität aus-geführt werden. Sie wurde von der christlichen Bruderschaft der Rosen-kreuzer gelehrt und auch von Rudolf Steiner in der Anthroposophie wiedergegeben. Der Sinn der Übung entwickelte sich aus den Einsich-ten von Sehern und geistbegabten Menschen, die das Leben nach dem Tode erschauten und die Gesetze aus den jenseitigen Welten wieder-gaben. Der Name der Übung deutet den Charakter der Aktivität, die am Abend geleistet wird, an. Die Ereignisse des Tages gelangen durch ge-zielte Erinnerung und Vorstellung zur Betrachtung und werden damit auf neue und bessere Weise verarbeitet.

In der praktischen Ausführung soll der Übende die umgekehrte Rei-henfolge in der Betrachtung der Tagesereignisse wählen und vom Abend, das heißt, vom letzten Ereignis bis zum Morgen in systemati-scher Rückerinnerung die Vorstellungen bildhaft erbauen. Diese umge-kehrte Reihenfolge besitzt einen stärkenden und erbauenden Effekt auf die Gedächtnisbildung. Sie festigt in besonderem Maße das Nervensy-stem und hilft zur Sammlung und Konzentration wie auch zur Bewah-rung der verborgenen Lebenskräfte. Das Gedächtnis und die innere Le-benskraft befinden sich in einer Korrelation.

Die Wahl einer umgekehrten Reihenfolge besitzt aber auch eine ganz wichtige geistige Bedeutung. Nachdem das Leben durch die Todes-pforte geht und das Bewußtsein mit den lebensspendenden Trägerkräf-ten vom physischen Leib im Geiste brachliegt, verläuft über einige we-nige Tage hinweg eine großartige Rückschau in einem umfassenden und gezielten Panorama, bis jener Zeitpunkt der Geburt erreicht ist. Dieser umgekehrte Ablauf der Ereignisse muß nach dem Tode stattfin-den, damit aus den oberen Gliedern oder Äthern eine Eingravierung in die unteren Trägersubstanzen stattfindet, und der ganze Handlungs-vollzug, den der Mensch im Leben durch seine mentalen, vitalen und körperlichen Aktionen geleistet hat, für eine zukünftige Verkörperung zur Verfügung steht. Mit diesen rückwärtsverlaufenden Eindrücken und Bildern gibt der Mensch oder das verbliebene menschliche Bewußtsein und Sinnesleben der Welt dasjenige zurück, das es im Irdischen zur Verfügung und zur Verantwortung erhielt, und das doch nicht sein Besitztum ist.

Indem die Reihenfolge der Ereignisse bildhaft im Innern der Seele des Verstorbenen genau umgekehrt und somit rückwärts vom letzten Tag des Lebens zum ersten Atemzug auf der Erde gleitet, entsteht ein notwendiger Wirkungsmechanismus einer ersten Vergeistigung der Erde. Normalerweise folgt das Bewußtsein ganz gezielt wie in einem Berglauf dem Weg nach vorne und oben und läßt die verschiedenen Kehren von einmal erdachten Gedanken und einmal gewonnenen Eindrücken hinter sich. Wäre diese Realität die einzige und gegebene Wirklichkeit der menschlichen Evolution, so würde sich der Geist fortwährend, wie mit dem Beispiel des Bergpfades genannt, von den Tälern hinwegbewegen und den Erdboden sicher verlassen. Diese Bewegung, die die Zeit mit ihrer ständigen Folge in die Zukunft weist, ist aber nur eine Ebene der Realität, jene, die offensichtlich nach vorne im Wettlauf der Ereignisse ausgerichtet ist und den Tageswahrnehmungen der Sinne entspricht.. Die andere und verborgengehaltene Realitätsebene des menschlichen Daseins ist die nach rückwärts gerichtete Bewegung der Ereignisse, Gedanken und Handlungen. Diese aber geschieht in jenen Regionen, die normalerweise sich dem Bewußtsein entziehen, und es sind dies die Zeit nach dem Tode und die Phasen der Nacht im Tiefschlaf. In diesen Abschnitten finden die ersten Schritte zu einer Vergeistigung der Erde statt. Indem nun das Bewußtsein während der Nacht nicht nach vorne im Wettlauf der Gedanken hinausgleitet, sondern sich geradewegs umgekehrt zu den vergangenen Eindrücken hinwendet, wird der Erde dasjenige zurückgegeben, das ihr eigen ist. Der Weg, der ganz automatisch durch die andere Wirklichkeit der Nachterlebnisse eingeschlagen wird, erfolgt deshalb nicht nach oben zu einem Fortgang der Seele von der Erde, sondern er erfolgt unmittelbar in die Richtung der Welt mit ihren Schauplätzen.

Wer die Tagesrückverfolgung in dieser umgekehrten Reihenfolge ausführt, wird wohl mit einiger ruhiger Empfindsamkeit diese Wahrheit in einem leisen Untertone des Erlebens bemerken. Die Beachtung der Reihenfolge im umgekehrten Verlauf ist immer mit einer angenehmen Annäherung zu der tatsächlichen Wirklichkeit verbunden. Es ist etwa bildhaft vergleichbar wie wenn von einem Berg der Abstieg hinab in ein Tal beginnt. Mit dieser Blickrichtung hinein in das Tal sieht das Auge mehr den Boden und die Ebenen der Landschaft. Von einem inneren, mystischen Standpunkt aus gesehen ist der Mensch erst dann in seiner Heimat, wenn er ganz mit der Erde versöhnt und in ihr aufgenommen ist. Diese Erde und diese Welt mit all ihren Gesichtern, Farben, Tönen und Bildern ist die universale Realität der Liebe, und sie ist Christus. Sie ist Materie und Stofflichkeit, und doch ist sie die Wärme und Heimat des Geistes. Aus diesem Grunde ist der Rückblick in Wirklichkeit ein tiefster Blick in das Geistige der Welt und Erde. Der Abend eignet sich für diese Rückschau auf die abgelaufenen Ereignisse des Tages am besten.

Zu der praktischen Ausführung der Seelenübung ist ein Zeitmaß von zehn bis fünfzehn Minuten günstig. Eine aufgerichtete Sitzhaltung sollte eingenommen werden, da sie die Konzentration begünstigt. Im Liegen kann die Übung meist keine rechte Ausformung erhalten. Achten Sie bereits bei Beginn der ersten Betrachtungen der Tagesereignisse, daß Sie emotional distanziert und reserviert bleiben. Aufregende Szenen, Beschuldigungen und kränkende Gefühle bleiben ebenso neutral wie jene scheinbar unbedeutenden Szenen, Begegnungen und Eindrücke von der Außenwelt. Diese Ruhe, Reserviertheit und Neutralität gegenüber Wertungen muß wohl durch entsprechende Auseinandersetzung und Übung erst erlernt werden. Betrachten Sie mit einigen klaren Gedanken und bildhaften Vorstellungen das letzte Ereignis des Tages und gleiten Sie schließlich nach einer halben bis einer Minute sich rückwärts erinnernd zu den nächsten Vorkommnissen. Der Blick ruht dabei auf gelassene Weise auf den Vorstellungen und Bildern, die sich durch die Erinnerung nun erneut mit ihrem Gesicht in das Bewußtsein spiegeln. Diese Erinnerungen geschehen mit der Zeit automatisch, und sie sollten möglichst nicht durch Grübeleien und starre Anstrengungen in den Sinneswahrnehmungen eine unnötige Verzerrung erhalten. Wenn diese Erinnerungen in einer einigermaßen neutralen bildlichen Vorstellung entstehen und die natürliche Wachheit bewahrt bleibt, so beginnen diese Bilder wie in einem leisen Tone zu sprechen und in einem feinen

Schimmer zu glitzern. Die Eindrücke zeigen sich wie schwerelos und von Anstrengungen unabhängig. Es gedeiht die Übung zu einem feinen Hören und Lauschen.

All dasjenige, das am Tage durch den Eifer und Tatendrang der vielen Verpflichtungen nahezu außer Acht blieb, regt jetzt seine feine und angemessene Lebendigkeit. Dem Bewußtsein wird durch die bildhaften Vorstellungen eine Art erste Nahrung gegeben, damit es in einer späteren Zeit zu tieferen Erkenntnissen über die Wirklichkeit gelangt. Weiterhin tritt durch die objektive und von Meinungen freigehaltene Beobachtung eine natürliche Ordnung mit einem harmonisierenden und besänftigenden Charakter ein. Diese Seelenübung kann durch Übung und Ernsthaftigkeit zu einer befreienden Loslösung des eigenen und wohl immer verwickelten Ichs von den vergangenen Ereignissen führen. Die Loslösung wird dabei aber nicht selbst durch eine Anstrengung im Willen erzielt, sondern sie beginnt mit der neutralen, reservierten und doch lauschenden Aufmerksamkeit auf die vergangenen Geschehnisse des Tages.

Abschließend zu dieser Übungsbeschreibung darf noch einmal die Frage aufkommen: Wo befindet sich das menschliche Ich, wo bewegt es sich, welchen Ort bezieht es? Diese Antwort kann im Bilde der Übung erfolgen. Das Ich bewegt sich mit dem Gedanken und dem Sinnesstrom im Lichte hin zu den Objekten der Außenwelt. Wenn das Auge diese Bergeshöhe erblickt und die Wahrnehmung auf den Hängen und Kämmen der Höhenregionen ruht, so wird das Ich dort sein. Wenn aber das Ohr einer Musik lauscht und in dieser mit den Gefühlen erblüht, so wird es im Geiste dieser Komposition für eine gewisse Zeit bleiben und sich mit der inneren Stimmung vereinen. Wenn der Gedanke eines Schülers bei dem Lehrer weilt und diesen achtungsvoll sogar als Vorbild annimmt, lebt das Ich sich in den Lehrer hinein. Aus diesen Gründen sind die bildende Gedankenführung, die vortreffliche Sinnesmeisterschaft und zweckmäßige Orientierung zu der Welt mit all ihren Erscheinungen wichtige Geistbausteine zu einem ersten Yoga. Yoga ist im allgemeinen der praktische Weg zur Führung und Weisung der Seele im Werdegang durch das Dasein.

Weitere Titel von Heinz Grill:

Harmonie im Atmen
Vertiefung des Yoga-Übungsweges
150 Seiten · DM 26,–

Die Seelendimension des Yoga
Praktische Grundlagen zu einer neuen Yogalehre
150 Seiten · DM 22,–

Yoga und Christentum
Grundlagen zu einer christlich-geistigen Meditations- und Übungsweise
288 Seiten · DM 38,–

Ernährung und die gebende Kraft des Menschen
Die geistige Bedeutung der Nahrungsmittel
112 Seiten · DM 22,–

Geistige Individuation innerhalb der Polaritäten von Gut und Böse
Das Bewußtsein an der Schwelle zur geistigen Welt
144 Seiten · DM 22,–

Die Entwicklung eines schöpferischen Denkens und Empfindens
am Beispiel der Anatomie und Physiologie des Körpers
328 Seiten · DM 38,–

Die sieben Lebensjahrsiebte, die sieben Energiezentren und die Geburt aus Geist und Wasser
172 Seiten · DM 22,–

Die Vergeistigung des Leibes
Ein künstlerisch-spiritueller Weg mit Yoga
224 Seiten · DM 38,–

Die Angst als eine jenseitige Krankheit
Praktische und spirituelle Grundlagen aus dem Yoga
zur Überwindung von Depressionen und Ängsten
146 Seiten · DM 32,–

Die Heilkraft der Seele und das Wesen des selbstlosen Dienens
60 Seiten · DM 15,–

Erkenntnisgrundlagen zur Bhagavad Gita
Der östliche Pfad des Yoga und
der westliche Pfad der Nachfolge Christi
148 Seiten · DM 22,–

Erziehung und Selbsterziehung
Die Seele als schöpferisches Geheimnis
der werdenden Persönlichkeit
116 Seiten · DM 22,–

Über die Einheit von Körper, Seele und Geist
Öffentliche Vorträge 1997 zu den Themen
Angst, Seelsorge, Entwicklung der Individualität und Heilung
232 Seiten · DM 22,–

Lebensgang und Lebensauftrag für Religion und Kirche
Eine autobiographische Skizze
56 Seiten · DM 15,–

Die Offenbarung nach Johannes
Vorträge über das geheimnisvolle Dokument
120 Seiten · DM 22,–

Alle Titel sind zu bestellen bei:
Verlag für Schriften von Heinz Grill
Kirchreit 1 · D-83564 Soyen